新 潮 文 庫

いいとこ取り！熟年交際のススメ

西原理恵子著

新 潮 社 版

10511

目次

の上手な回教徒／無茶苦茶な男は誰も止められない／この年になったら、学習とか感謝とか／好きな人に好きな人ができたら……／いつもニコニコ、グーグルちゃん／パンダよりも人気のあるKY／高須ウソつかない　有言実行の人／携帯はパンドラの箱／神取忍的な男気／相手が嫌がることはしない／壊れた男をつかまえてしまったら

第4章　恋もお餡もドレスも手に入る　経済的自立で全部取り　87

チンコ入れても籍は入れるな／恋もお餡もドレスも手に入る／40歳で資産価値ゼロは悲しすぎる／専業主婦願望は超危険！／心に小さなヤワラを／アタリのいい中古車に感謝／ホモ＝幼稚園児＝アル中？／ゴミ屋敷の女性の気持ちがわかる／人は欠損に恋をする／美魔女は「職業・美人」／恋愛はフェアトレード／機嫌を取るんじゃなくて喜んでもらえれば

―ダイヤ／介護しない優しさもある／恋人で親友

特別爆笑対談　ビバ！　熟年交際！　西原理恵子×高須克弥　161

挿画　著者
構成　吉田潮
写真　新潮社写真部（p161）
写真提供　高須克弥氏（p170右段）
著者（p170左段）

いいとこ取り！　熟年交際のススメ

サイバラ流　熟年交際十箇条

第一条　チンコ入れても籍は入れるな

第二条　男は「ソトメシ」

第三条　恋愛はフェアトレードで

第四条　歴代の彼女や奥さんにはとにかく感謝

第五条　生きる悪知恵を恋愛に

第六条　年々目減りする外見以外の価値をどーにかする

第七条　有限の恋だからこそ笑う

第八条　子供は巣立つ、親は死ぬ。家族に遠慮してたまるか！

第九条　恋人は別れても最高の親友になれる人

第十条　お別れは、みんなありがとう。そしておつかれさま

第1章

熟年交際始めました

衣食足りて美男をながめる

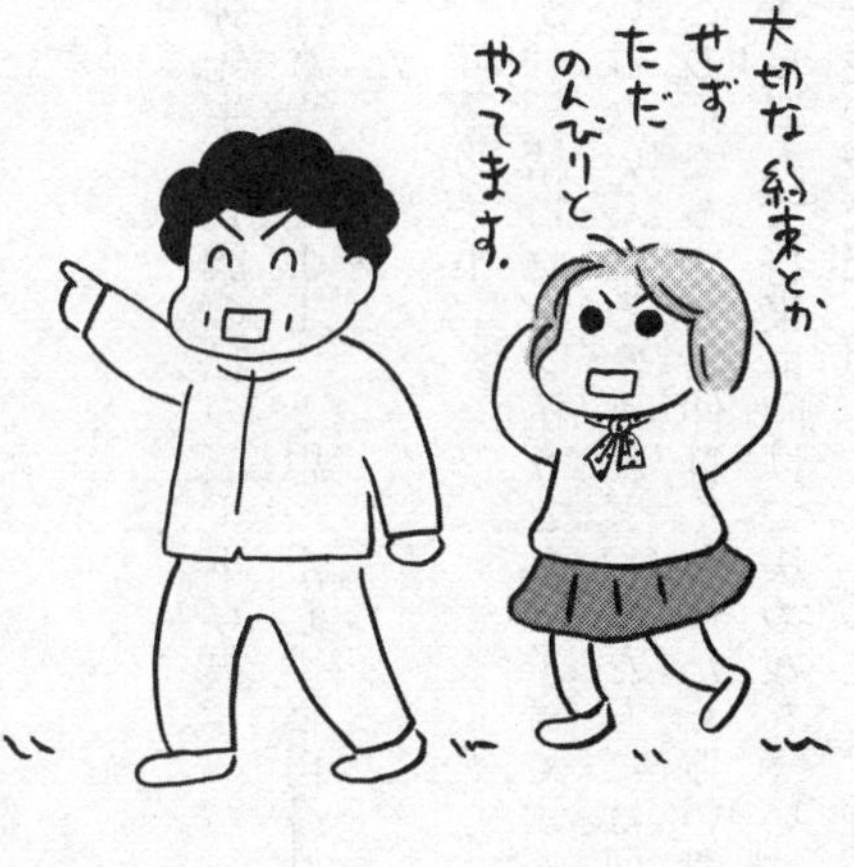
大切な約束とかせずただのんびりとやってます。

彼女宣言

昨年、週刊誌に写真を撮られました。

高須《たかす》クリニック院長で67歳の高須克弥《かつや》先生と47歳の私のデート写真。

こんないい年したカップルに誰が興味もつんだよ！ と思ったし、私自身は「知らん顔しとけばいいじゃん」って思ってた。

だって、私たちはお互いに独身だし、年寄りだし。

20代、30代ならこれから結婚するとか、一緒にローン払うとか、子育てするとか、いろいろなことを考えて約束しなきゃいけないんだろうけれど、私たちには何にもない。だって、もうすぐ70と50だよ。この年でちょっと仲良くなったくらいで彼氏だ、彼女だってのもナイ話だし。いまさら二人で将来に向けて決めなきゃいけないことなんてあるわけない。実際、私、先生の彼女だと思ってなかったし、確認とったこともなかった。この年になるとお互いに決めない方がいろいろと楽だと思ったたから。

でも、高須先生は違ってて。

「君は僕の彼女だから、公式に発表する」

って言いだした。高須クリニックはたくさんの女性誌に広告を出しているし、超強力なスポンサーだから、そんな記事をひねり潰《つぶ》すのなんか簡単。あることないこと面白おかしく書かれるのも面倒だから、てっきり金でもみ消すのかなと思ってたんだけどね。

それがまさかの彼女宣言。びっくりしたけど、もちろん、すごく嬉《うれ》しかった。ま、黒心としては、

「そんなん発表されたら、ケッコンしたのも同然。次の男がつくれないじゃん！」

って思ったけど（笑）。

もともとは私のストーカー

高須先生と知り合ったのは、今から10年以上も前。当時、新潮社の『波』っていう月刊誌にたまたま漫画を描いたんだけど、そこで「今いちばん会いたい人、高須

クリニックの院長」って漫画のネタにしたの。その頃の高須クリニックの宣伝がとにかく下品すぎて、私のツボだったんでね。

それを読んだ先生がお手紙をくれて。以前から私の漫画のファンだったみたいで、「高須クリニックって書いてくれてすごくうれしかった」って。後から聞いたんだけど、私の漫画が載っている雑誌を全部追いかけて読んでくれてたんだって。熱烈なファンを通り越して、一種のストーカーみたいな（笑）。

手紙の返事？　ファックスで返したかな。

「私は金も美も要りません、ただネタがほしいだけ。だから友達になれたらうれしいです」

って。めんどくさそうだったから、やっかい払いの返事しといた。ちょうど、先生が大整形した後だったと思う。だから、

「そういえば先生、いったい何十億かけたか知らないですけど、整形手術で宮史郎から浅香光代になってますよ！」

って教えてあげた。先生はそのファックスのやりとりを大事に持っていてくれた

らしい。私はなくしちゃったけど。だって感熱紙だったから、文字も消えちゃったし。

その後しばらくは私も先生も忙しくて、ファックス文通みたいなやりとりをしていたかな。先生はとにかく漫画に描かれるのが嬉しいみたいで、手紙やファックス、意味の分からない全く金目のないプレゼントを山ほど送ってきたんだよね……。

ストーカーどころかフーリガン

ただ、先生は字がものすごい下手。頭のいい人って、学校で授業を聞いただけで覚えちゃうから、ノートをとる必要がないんだってね。だからまともな字が書けないの。高校中退の私もおそろしく下手だけど、私のまわりのスゲー学歴の人も、みんな字がおそろしく下手なのが多い。

本人も字が下手なことをかなり恥ずかしがってるんだけど、一生懸命手書きで書いてくれるのは嬉しかった。

学会に出席するために世界各地に行ってたみたいなんだけど、そこからものすごい下手な字で手紙やらファックスを送ってくれて。メールとか携帯とかない時代だからね。私はただ筆マメな人かと思ってたんだけど。

でも、中身が空っぽの冷凍のパイナップルを送りつけてきて、

「チャーハンをのせてください」

とかさ、等身大のテンガロンハットを12個送りつけてきたりとか。イラッとくるような贈り物やイヤゲモノを送りつけてきやがる。

私の漫画のファンというよりは、もうすでにこの時点でフーリガン。

中村うさぎさんが整形したときなんか、

「西原先生も全身整形しませんか？」

なんて誘いの電話が来たりとかね。ボトックスの券とか、３００万円分の美容整形チケットとか、細胞を冷凍保存しておくナントカバンクの券とか、ヘリコプターで迎えに行く券とかも送ってくれたらしいんだけど、ぜーんぶなくした。目の前の締切が忙しすぎて、そんなことやってる時間なかったし。

先生はちょうどその頃は暇だったみたい。医師免許1年停止ってヤツ。追徴金20億円に腹立てて、国税局とケンカした結果、裁判で負けたらしい。その結果が医師免許停止。その時、先生は、チャーーンスって思ったんだって。1年も休暇がもらえ

た。

その1年間に世界各国の学会に出席しまくって、新しい美容医療の技術を吸収してたんだって。負けず嫌いだし、途中で絶対に投げ出さない人だなあ。行動力といい、財力といい、権力といい、ケタ外れの人らしいことは何となくわかった。

でもさ、直接会ったことねえし（笑）。会う気もないし、正直、漫画のネタにさえなればいいやって思ってた。

てっきりオカマかと思った

初めて会ったのは、『SPA!』の連載漫画で、ロボット相撲の企画をやっていて、ロボットにスポンサーシールを貼《は》らせてもらうというお願いをしたとき。いや、お金を出してくださいというお願いではなくて、「高須クリニック」というシールだけ貼らせてくださいってヤツね。

先生も多忙な時期だったし、私もドイツから帰国した後すぐに名古屋に飛んで、初顔合わせになったんだけど。

正直に言うと……てっきりオカマかと思った。

先生は女性に囲まれた職場だから、どう見てもオネエ仕草にオネエ言葉。「○○なのよねぇ～」って。しかも顔が浅香光代だし。うちはゲイの友達が多いから、

「ああ、またきちゃったかなぁ、ホモが……」

と思ったね。それが高須先生の第一印象。

でも、会った瞬間に、

「『ぼくんち』見てました！ すごく好きでした～」

って言い出して。漫画家としては嬉しいよね。

でも、その後は、こっちがひと言もしゃべれない。先生がフルスロットルでしゃべり続けるから。

「で、いくらなの？ 200万？ 300万？ 1000万？」

って、ドサドサドサーッと札束を出してきた。だーかーらー、お金は要らないってば！ シールだけ貼らせてくれればいいんだってば！ F1かなんかと同じように考えてたみたいで。人の話を聞けよ！ って（笑）。

胸の前で両手をしきりに動かしながら、嬉しそうにしゃべり続ける先生を見て、

「餌《えさ》の欲しいウォンバットみたいだな……」

とぼんやり見てたのに、まさか10年後にそのウォンバット使いのマイスターになるなんて、思ってもみなかった……。

面白いか、面白くないか、だけで選ぶ

私は漫画家なので、笑えるってことはメシのタネであり、いい漫画を描けるってこと。だから、男はとにかく面白い人を好きになる。

笑える＝ハッピーとか、笑顔あふれる温かい家庭とか、そんなノンキな話じゃなくて。男も友達も子供も全部ネタ。私の墓碑銘は「何でも売った女」にしてもらいたい。

よく言うでしょ、男と女が付き合う際に、「お互いを高め合える関係」とか「共通の価値観」とか。そういうのは一切関係ないんです。とにかく私を笑《わら》かしまくってくれる人。面白い＝お金。私にとって価値があることだから。

友人関係を見ても、面白い前科者とか面白い生活破綻者《はたんしゃ》とか、反社会的な人ばっかり。この前もホリエモン（堀江貴文氏）とか元K－1の石井館長や作家の白川《しらかわ》道《とおる》さんとかで一緒に飲もうかって話になって、気づいたら前科者だらけやんけ。ヤ

マザキ春のパン祭りならぬ、春の前科者祭りになってた（笑）。

とにかく面白ければ、貧乏でも浮浪者でもすぐ好きになって友達になる。どんなにお金持ちでも面白くない人だったら、一緒にいる時間がもったいなくてアセる。年齢とか見た目とか年収とか学歴なんてどうでもいい。私がゲラゲラ笑えないと、時間のムダ。

高須先生は、考え方とか育った環境とか、私とまるで違う。立派だし、頭もいいけど、ひねくれてるし、見栄《みえ》っ張りだし、ただもういろいろなモノがダダもれで、一緒にいて面白くて腹かかえて笑っちゃう。しかも、退屈することがすごく嫌いで、勝手に面白いことをどんどん見つけてきて、勝手に新しいところへ行っちゃう。

昔、若い男とつるんでた時よく言われたセリフに「お前、なんか面白いことねえのかよ」「なんか見つけておけよ～」「まだ決めてねーのかよ」とかしょっちゅう言われてた。一番イヤな日常会話だった。ま、こっちもつまんない女だったから仕方ないけどね。女の人も同じ。「ねー、どっかにイイ男いない？」って前髪とかかき上げやがって。知らねーよ。いたとしてもおめーにだけは紹介しないし。テメーは一生自分のマンコでもなめてろよってね。

とにかく高須先生は、タガの外れた面白い人で。もともと漫画が大好きで、漫画家になりたかったんだって。字は下手だけど、絵はわりとうまい。若い頃に描いた漫画を見たら、とり・みきみたいなタッチで、なかなかイケる。今はものすごい下手だけど。基本はオタクで漫画好きなんだよね。

だから、私が高須先生を漫画に描くと、すごく喜んでくれて、褒めてくれる。私も自分の漫画が褒められるのはすごく嬉しいし、ああ、ありがたいなぁってずっと思ってる。ステマのない時代に究極のステマ、みたいな感じかな。

でもさ、さすがにブチきれたのは、

「あなたの漫画の、鏡のような多面性はすごく大事。でも、もっと漫☆画太郎みたいなのを描いてください」

って言われたとき。漫☆画太郎と言えば、ばばあの乳首がビヨーンって伸びて、「はうあ〜！」みたいなドアホウ漫画だよ？　そのときは何十億もかけた顔を殴り飛ばしたわ（笑）。

ボロボロの時期に助言をくれた

元夫の鴨《かも》ちゃん（故・鴨志田穣氏）もアルコール依存症のことを除けば、とにかく面白い人だった。戦場カメラマンなんて戦場でなければ、まったく役に立たないんだけれど、私を笑わせるのがすごく上手だった。

でも、鴨ちゃんが病気になって、離婚して、最後はいろいろとあって。私も笑うことを忘れてしまった時期があったんだよね。

子供がまだ0歳と2歳で、仕事をがんがんしなきゃいけなくて、悪魔のような夫が家の中で大暴れしている。そりゃ正常な状態ではいられないでしょ？ DVに遭って、うずくまっちゃっている人の気持ちが今ならよくわかる。私も腰を抜かしちゃって動けなかったから。私自身もうつ病になって、心療内科で処方してもらった薬を飲んでいたし、本当に息をするのも苦しい頃だった。

あの頃、鴨ちゃんには憎しみしか感じなかったもん。もう死んじゃってもいいや、とまで思ったくらい。当時の私にはアルコール依存症の知識もそれを理解するだけの気力もまったくなかったから、本当に地獄だった。

そのときも、高須先生が医者としていろいろなことを教えてくれました。鴨ちゃ

んがアルコール依存症に加えて、がんが再発転移して、もう長く生きられないということがわかったとき。先生は、

「ウソでもいいから『帰ってきていいよ』と言ってあげなさい」

って。先生は医者は患者様のためには絶対に有益になることしか言ってはいけないし、やってはいけないというポリシーを持っているんです。患者様にダメと言ったら本当に死んじゃうんだって。「すべての患者様には希望しか与えてはいけない」というのが、何百年も続く、代々医者の高須家の教えなんだって。

「手をつないで『大丈夫』って言って、幸せに見送ってあげなさい」

って言ってくれたおかげで、鴨ちゃんを迎え入れることができた。最後の半年間はケンカもしないで、毎日バカなことばっかり言いながらも、子供たちと仲良く笑いながらご飯を食べることができたからね。

とても短かったけれど、先生の助言のおかげで温かい時間を過ごせた。

でも、鴨ちゃんとの生活で、私はなぜか最後まで仕事をしてしまった。

もっと一緒にいてあげればよかったのに。私と一緒にいたがっていたのに、何で休まなかったのか。気の毒なことをしちゃった。

「残された時間をもっと上手に、大切に使わなくちゃいけない」

って、このとき心の底から思った。

その後、高須先生も奥様をご病気で亡《な》くされて、お母様も立て続けに亡くなったのね。先生は食事ものどを通らないくらい弱ってたみたいで。私もそうだったけど、うつ状態になっていたんだって。

鴨ちゃんのときにも本当にたくさんのアドバイスをいただいて、先生のおかげで、人として鴨ちゃんを見送ることができたんだよね。私がしんどいときにホントにいろいろと助けていただいたし、今度は私が力になれないかな、助けになればって考えた。ほら、先生って、友達ひとりもいなさそうじゃん？（笑）ごはん食べる友達とかさ。それで、

「ごはんでも食べて、映画でも観《み》ませんか」

って誘ったんだよね。『アイガー北壁』っていう山岳モノ。高須先生はドイツに留学していたことがあって、しかも山岳部だったから、興味あるテーマじゃないかなぁなんて、勝手に思ってさ。内容をよく知らずに誘ったんだけど……。

もうね、選択を誤った。大失敗。だって、山岳事故の映画でさ、雪山でビュービ

ュー吹きすさぶ嵐《あらし》の中で、手を伸ばしてもギリギリ届かなくて、目の前で愛する人がばんばか死にまくるっていう内容なんだよ。

「俺はこうやって妻を見送ったんだよぉぉぉーッ」

って、高須先生はバーバー泣くし、私も私で、映画館の中で、

「あたしもこうやって鴨ちゃんを見送ったんだよぉぉぉーッ」

って号泣して、なんでこの映画をチョイスしたのかってことで、大ゲンカ（笑）。でもその後、ゲラゲラ笑うことが起きて、お互いに気が付いたんです。笑って過ごす時間の大切さを。

お互いに大切なパートナーを亡くしているから、残された時間の重さがなんとなくわかる。生きていることと、元気に笑いあっていることがどれだけ大事かって。残された者同士、言わば「つっかえ棒」みたいな感じで、付き合いがはじまりました。

ダニエルで「衣食足りて美男を愛《め》でる」

高須先生と付き合い始めて、２年ぐらいになるのかな。私はこれまでの人生、本

当にトラブルばかりだったんだけど、今、生まれて初めて平和なの。そのせいか、

「ダニエル・クレイグって男前やなぁ〜」

って思って。００７、ジェームズ・ボンドの俳優さんね。今まで、男前って私の人生で役に立ったことがないし、男前を愛でるなんて趣味は一切なかった。たぶんこれが、

「衣食足りて礼節を知る」

ってことなんだなぁと思った。だって、デザートは生きるためには全く必要じゃない。米や味噌《みそ》や醬油《しょうゆ》のほうが大事なんで、全部満ち足りてからでないとデザートにはいかない、というか、いけない。というか、私の人生の辞書にデザートはなかった。

かっちゃんと仲良くなって、交際宣言をしてくれて、月が満ちるように、すべてが今満ち足りているんですよ。満ち足りて、平和で幸せな状態になったとき、初めてデザートであるダニエル・クレイグに目がいくのねぇ。

向こうのほうから、かっちゃんが喜んで走ってくる姿を見て、

「あれ？ こんなに脚の短いトッチャン坊やだったっけ？ ダニエルとえらい違い

やなあ」

なんて心の中で思ったりして。人間、ダメやね、贅沢《ぜいたく》になると（笑）。

やっぱり、だけどまあ、付き合うことになって、彼は私のどこが好きかというと全く、見た目じゃなかったこと。だって、高須先生、銀座のホステスさんとか、びっくりするぐらい美人でスタイルのいい女性たちがクリニックに来て、

「先生、デートしませんかぁ？」

って誘われまくってる。

彼女たちは容姿に自信があるから、診察してもらって、あわよくば自分のお客にしようと思っているらしいんだって。

「僕が客なの？　そっちが客なのに？　どうして僕が君になびかなきゃいけないの？」

って先生は心の中で怒りまくってるって。死ぬほど嫌いなんだって、自分に自信があってキレイだと思い込んでて、男が絶対になびくと思い込んでるような女が。

だから、クネクネした壇蜜《だんみつ》をテレビで初めて観たときに、

「気色悪い！　こんなんばっかクリニックに来るんだよッ!!」

って叫んでたもんなぁ。

じゃあどんなのが好きだって年寄りだからデブ専で、昭和のあかぬけないおばちゃん……私だよ。かっちゃんは私のこと、

「ルノアールの絵画みたいに太ってて素敵」とか、

「100キロになっても大丈夫」

とか言いやがる。私が一生懸命筋トレをして、頑張ってノースリーブを着ても、

「ワハハハハ、この二の腕は、おもちみたいで一番キレイだね」

って、もみしだく。腹が立っていつも大ゲンカ。

まあ、でも、何かにつけて褒め上手なかっちゃんに、「人を褒める」ということを教わりましたね。褒めるのはタダやし。

私は子供のころ人に褒められたこともなかったし、人を褒めたこともなかったから。私の母親と同じで、何よりもまずいちばんイヤなところを探しちゃうクセがあって。

ありがとう、ごめんなさい、の彼方《かなた》にある「ステキだね」「キレーだよ」。こんなデザートみたいな言葉を、かっちゃんのおかげで言えるようになりました。

第2章

0点の私には
0点の男がくる

過去の恋愛で赤ペン先生

こんなんとつきあってた。
よーリエコー
オレきのう
ケンカしてよー

好きなタイプは反体制的な男

私は高知県の浦戸という漁師町で育ちました。高知っていうのは黒潮文化っつうか、鯨追いの文化。男は、鯨が来たらまっさきに海に出て、鯨の頭の上に乗ってモリを刺すのがいちばんカッコイイと言われてる土地柄なんだよね。

普段は酒飲んで寝てるんだけど、いざというときには鯨をいの一番にしとめる。うちの父親がそういうタイプの人だった。会社を経営してたんだけど、あるときヤクザが脅してきて、みかじめ料を取りに来たんだって。そうしたら、逆に自らヤクザの事務所に電話かけて、

「お前んとこの若いもんがワケのわからん事いいよる。話つけに今から行くきにゃあ」

「事務所来るかコラァ」

じゃなくて、

「事務所行くぞコラァ」

しかも本当に行って話つけて帰ってきちゃう。

高知ではこういうタイプの男を「いごっそう」と言います。人の言うことを聞かない、決して人と迎合しない。

だから、高知県の主な特産物は「テロリスト」（坂本龍馬）と言われてる（笑）。

この気質をわかりやすく表しているのが「高知生コン事件」。

もう40年以上前の事件なんだけどね。地域住民にまったく知らせず、勝手に製紙工場を作っちゃったことがあったんですよ。それでものすごい廃液を海に垂れ流し始めたから、地元の漁師頭が、工場の排水管に生コンをぶちこんだ。有罪覚悟でね。

これ、高知県民からはもう拍手喝采《かっさい》。権力に屈さず、たとえ犯罪であっても実行使っていう気質そのままでね。実行した人は「名誉の懲役」だって言われてたくらいだから。

あとね、これ知り合いの漁師の話。九州の船が高知県沖に魚をとりに来るらしいんだけど、漁業権とかを無視してるわけね。いわば密漁ですよ。高知の漁師たちが1回注意したんだけど、また来たんだって。そうしたら、もう黙っちゃいないの。

その密漁に来た船に乗ってる人全員を海に叩《たた》き落として、船の上に火をつけたんだって。高知の漁師は鯨とかイルカを叩き殺すのが仕事ですから。人を叩き殺すのもなんとも思ってない（笑）。ま、それは冗談だけど、やるときは徹底的にやるんですよ、高知の男たちは。

彼らにとっては、権力にひれ伏すってのがいちばん恥ずかしいんです。ポリ（警察）とヤクザにペコペコしているところを見られたら、人としていちばん恥ずかしいっていう。

もうね、高知ではヤクザよりも漁師のほうがエラいんですよ。逆に、漁師がパートタイムでヤクザやってるようなもん。大阪・岸和田あたりも同じじゃない。住民のほうがよっぽど反社会的で反体制。ヤクザが住めない、住みにくい町っていう（笑）。

広末涼子も典型的な高知女

で、この高知の男たち、一見カッコイイように思われるかもしれないけれど、鯨が来なかったら何の役にも立たないからね。昼間から酒飲んで、嘘《うそ》ついて、浮気して。

鴨ちゃんも同じ。戦場カメラマンって、戦場じゃないところでは、まったく役に立たない（笑）。でもそういうのを選んじゃうんだよ、高知の女は。

広末涼子も典型的な高知女です。男の選び方がまさにそう。よりによって、キャンドルジュンって。ろうそくとったら何の役に立つ？　しかも武器がろうそくって弱すぎ。

でも、わかる、広末の男の選び方って。自分の稼ぎで自分の子供を育てるのが当たり前だと思って、育ってきているから。男に食わせてもらおうなんて、はなっから頭にないんだよね。高知の女たちはこーゆーのが多くて。

「おーい、もう鯨は来んからなー。安定した仕事もってる真面目《まじめ》な男探せよー」

しかも昔は、DVとかモラハラなんて概念はないからね。私が若い頃は、彼氏は彼女を殴ってもよかったもん。周りの子は彼氏にボコボコ殴られてた。たまたまそのときは私に殴らない彼氏がいたから、

「理恵子はいいね、殴られなくて」

って言われてた。せま〜いコミュニティの中で女の人みんなが殴られてたら、殴

られるのは普通なんだって思っちゃってた。

うちは母親が2回もハズレを引いてるので、とにかく家の中にケンカが絶えなくてさ。それがすごくイヤだった。怒るために働いているような感じ。

今考えてみると、ギャグ漫画家になった原点はここかもしれない。痛いとこを泣かない。そこを笑う。だってそうしなきゃやってられなかったもん。

男は笑かしとってくれたらええわなってのも、ここから始まってるんだと思う。日常生活で何の役にも立たない男でもフツー、稼ぎがなくてもフツー、面白ければいいって。

大間違いですけどね。

彼氏がいない＝カッコ悪い

考えてみたら、中学3年生のときから今まで、ずーっと彼氏はいた。彼氏がいなかった時期なんてなかった。彼氏っていっても、若い頃田舎ではヤンキーと真面目しか選択肢がなくて。で、ヤンキーと付き合うとその日にセックスしなきゃいけない。中出ししても、

「妊娠しても俺は知らねーしー」
とか普通に言われてた。今、考えると、タイムマシンに乗ってその男殺しに行きたいけど、そんな残念な彼氏でも、いないよりはいたほうがマシだと思ってた。彼氏がいないことの方がカッコ悪かった。

10代の頃は彼氏が大事なアクセサリーだったから。顔さえよければいいとか、車持ってればいいって。そんなだから、自分を大事にしてくれる彼氏に出会うことはなかった。

私は田舎のさえないヤンキー女そのもので、狭いコミュニティの中だけで過ごしてるから、知識がないし、意識も低い。自分で自分を大事にできないまま育ってきちゃった感じ。

ずーっと彼氏がいたっていうのも、モテたとかそういう話じゃないんだよね。どんなにダメな彼氏でも別れる勇気がなかっただけ。古い靴でも履き続ける。新しい靴が手に入るまでは。そういうだらしない人間だった。

でも10代の頃って、誰でもテキトーに、彼氏になってくれたから、彼氏ができないって苦労したことはなかった。この話をすると、

「それは西原《さいばら》さんがモテたからでしょ！」

って言われるんだけど、まったく違う。私は最初から志が低いの。狭い田舎の小さな集団の中でもナンバーワンとか、ものすごいカッコイイ男の子のところには決していかない。自己評価が低いし、自分の立ち位置を知っているから、無理め狙《ねら》いとか絶対しない。

「このあたりなら絶対イケそうだな」

ってところへしかいかない。ま、結果的に残念な彼氏の連続でしたね。私も残念な女の子だったし、お似合い。

そのころの昔の女の人生って、相手の人生の尻馬《しりうま》に乗ってでしか、自分が幸せになれなかったりする。特に地方はそうだったと思う。でも、なんだか人生がうまくいかない、残念な男と付き合って、自分が働いて稼いで、子供たちの面倒を見て、寝たきりの年寄りの世話までさせられて、

「なんであたしだけがこんなに損をしてるのか」

ってなってしまって。だからみんないつも怒ってた。私が子供の頃、周りの女性たちはみんないつもすごく怒ってた。たぶんこの世代の人たちがみなそうだったん

じゃないかな。ぶっとい二の腕丸出しにして、へんなパーマあてて、洗濯機回しながらいっつも怒ってた。

貧乏は怒りに、怒りは憎しみになり、憎しみは暴力につながる。近所中お父さんはお母さんを平気で殴るし、お母さんは殴られて歯が全部ないし、子供たちを平気で殴る。遊びに行くと鏡台が割れていたり、洗面所の鏡や便座が割れてなくなってたりね。将来自分がそうなるのがものすごく怖かったし、イヤだった。何があってもここから逃げようと思った。

でも、男を見る目がないっていうか、センサーそのものが壊れてるの、私は(笑)。彼氏がいない＝カッコ悪いと思ってしまうのも一種の病気だし、ダメな彼氏でもいたほうがいいと思ってしまうのは、一生治らない病気だと思う。

貧乏と貧乏のマリアージュ

東京に出てきて、美術大学入学をめざし、美大専門の予備校に通い始めました。そこでうっかり拾ってしまったのが「寝たきり浪人」の彼氏。

家賃4万円の狭くて汚いアパートで暮らし始めて、母親からの仕送りは母子家庭の奨学金も含めて月7万円だったけど、家賃と食費と光熱費で全部なくなっちゃう。歌舞伎町《かぶきちょう》のミニスカパブとか、ありとあらゆるアルバイトをして、なんとか大学に通っていた。

そんなカツカツの貧乏暮らしなのに、何にもしていない無職の馬鹿男《ばかおとこ》と同棲《どうせい》していたんですよ。彼は大学に受からない浪人生で、掃除も洗濯もしない、ただ絵がうまいだけの男。まさに「貧乏と貧乏のマリアージュ」(笑)。

若くてキレイな女の子たちは、いるだけでも時給400円とかもらえて、デザイン事務所の社長の彼女になったりとかね。すごい素敵な彼氏がいたりして、ホントにうらやましかった。でも自分は寝たきり浪人の世話をして、歌舞伎町のバイトで稼ぐしかないワケですよ。金のない私には金のない彼氏しかこなかったし。

そのとき、私は常に怒っていたと思う。お金もなくて、狭くて汚い部屋で、やっすい服着て、怒鳴りあっててさ。そんな状態だと、すぐに殴り合っちゃうよね。田舎の大人たちとまるでおんなじ。そこから抜け出そうと、アルバイトしながら大検受けて、上京して、大学入って、一生懸命頑張ってきたのに。これじゃ、田舎の延長じゃん。

でも、家に帰るとひとりではいられない。ダメで残念な彼氏でも、いてくれたほうがうれしかったんだよね。

外出るときは、何でもいいから靴履いて鞄《かばん》持ってスカート履いてないと「みっともない」と思うじゃない。これと同じで、当時はどんな男でもいいから彼氏がいないと「みっともない」って思ってた。

0点の私には0点の彼氏

とにかく貧乏から抜け出すために、カットイラストでもなんでも、がんがん仕事をするようにした。周りの大学生がみんな芸術のことを考えているのに、私はとにかく出版社へ売り込みをしまくった。でも、ほら、自分の立ち位置を知ってるからさ、いきなり少年ジャンプ編集部とかのメジャーどころには絶対行かなかった。

「少年ジャンプみたいなとこでは一生デビューできない、五流のエロ本から始めなきゃ」

って思ってた。だって、明日すぐお金になることが大事だもん。底辺には底辺の戦い方があるんです。

そうやって漫画を描き始めて何年もした頃、周りにどんどん仕事のできる人たちが集まってきて。仕事ができる男の先輩も女の先輩も、みんな立派でカッコよくてね。漫画家として仕事をするようになって、やっと大人になった気がした。

そして、ますます仕事を頑張っていたら、教養のある優しい男の人や素敵な男の人と出会えるようになって、「こんな男本当にいるんだ。見たことねー。マジ東京ってツチノコ男がザクザクいる!!」ってホントびっくりした。

つまり、ダメな男がきちゃってたってことは、自分自身がダメだったってことだったんだよね。

「0点の私には0点の彼氏がくるんだ……」

と、そこで気づいたわけ。

一方で、仕事のない漫画家の先輩たちは、飲み屋にたむろって、出版社の悪口ばっかり言っててさ。「印税がもらえなくて」とか、愚痴と不満ばっかり。あんな飲み屋には二度と行きたくないなぁって思った。

負のスパイラルから抜け出せて、本当に色んな事に感謝してる。あと自分にも。

夜のスピードラーニング

漫画の仕事を始めたら、業界人でしっかりした大人の彼氏ができた。私がまったく知らないアングラな世界を知っている人で、ちょっと父親に面影が似ていて、優しかった。

その人は私が漫画家として、どこをどう伸ばしたらいいのか、教えてくれたんですよ。ほら、男の人って、基本は教えたがりだから。

はい、こっから先は、かわいいお嫁さんになりたい人にはカンケーない話です。

何があっても仕事してメシ食いたい若い娘さんに言います。

「仕事のできる男とヤっとけ」

って。不倫でも何でもいいから、仕事ができる男と「ハメとけ」と。そして、自分のどこを特化したらいいのか、寝て教えてもらえ。

寝て仕事をもらえ、じゃない。寝て習え。コレを私は、

「夜のスピードラーニング」

と言うております。

だってそのほうが早いもん。業界で何年もいらん苦労するよりも、ピロートーク

教室のほうが早いから。

自分の行きたい業界でなくてもいい。仕事の出来る男と寝て聞き出すんだよ。自分の売りどころはどこか、他者の目から見つけてもらう。仕事を紹介しろ、とか、有名なナントカさんを紹介しろ、ではなくて、

「私という商品はどこを特化すればいいでしょうか」

って聞き出せばいい。エエ男は、寝た女に親切にしてくれるし、それでちゃんと頑張ればもっと教えてくれたり、生涯アドバイスしてくれたりするから。

そうこうしてるとね、寝た男が急につまらなくなるときがくるんですよ。「アラッ?!」ってくらいに。それはもうあなたが必要なことを全部吸収したって証《あかし》なので、その時は寝た男の頭をがっつり踏んで、上に登って下さい。

♪男の階段の～ぼる～

ってね。エエ男だったら、それも必ず喜んでくれるから。別の言い方をすれば、チンポを踏み台にして上がっていく「チンポエピータ」ですね(笑)。

貧困層の女が一気にのし上がるためには、この夜のスピードラーニングをオススメします。とにかくクソつまらない男とヤっちゃうと、ドツボにハマりますから。

馬鹿はうつりますから。ご注意を。

だからそこの若い娘!! 東京でデザイナーになりたくてがんばってる娘。彼氏はカメラマンの卵とか劇団員とか、そんなの絶対ダメですからね。

阿漕《あこぎ》な話に聞こえるかもしれないけれど、負のスパイラルから脱出するためにはそれくらいの覚悟で動いていかないと。貧乏と暴力と無教養の三位一体、「ダメノミクス」な男からは逃れられないよ。

自己評価の低さは客観力を磨く

私の自己評価の低さは、ある意味、母親のおかげなんです。かわいいかわいいって褒められるんじゃなくて、日々怒鳴りつけられて育ったから。

「あんたみたいなもんが何やったってうまくいかなあね」

って。母は精いっぱい頑張って私を育ててくれたし、感謝はしてるんだけれど、やっぱり身もふたもないことを言う人なの、おかんだから。いちばんイヤなところ、言われたくないところを言う母親って、意外と多いからね。

だから高望みしないし、自分を客観視できるようになったのかも。東京で手っ取り早くお金を稼ごうと思って、まず面接に行ったのが歌舞伎町のミニスカパブ。六本木とか銀座じゃ絶対雇ってもらえないってわかってたから。女の人が何人かいたら、自分はこの中で何番目っていうのがわかるんです。六本木や銀座は無理だけど、歌舞伎町なら雇ってもらえると思った。客観視に関しては才能があったのかもね。

小さい頃、義理の父親には可愛《かわい》がってもらった記憶がある。義父に褒められるように立ち回るのがうまかったんだと思う。

高知って、親戚《しんせき》の集まりとか、大宴会が年がら年中あってね。その中でもいちばん偉い人の膝《ひざ》の上にまっさきに乗るのが私だった。うちの兄からよく言われたもん。「理恵子はどうしてあんなに甘えるのが上手なんだろう」って。立ち回りと媚《こ》び売るのが天才的にうまかったらしい、小さい頃から。そして長じて漫画家になって30年、今でも絶対に、これだけは譲れないという姿勢がある。

そのときどきの権力者の後ろに回る。しかもこっそり告げ口もするという（笑）。このスタンスは譲れません。娘にもぜひ伝えたい、一子相伝の技です。

０点から這《は》い上がる分岐点

自己評価が低いのはもうどうしようもないと思うんだけど、０点の彼氏がこなくなったのは、「とにかく働かなくちゃ！」って頑張ってきたおかげだと思う。

たぶん第一の分岐点は地元の貧しさ。田舎では泥棒になる子も多かったし、女の子もヤリマンとかすごく多かった。家庭内暴力が当たり前で、怒ってる女の人や殴られてる女の人ばっかり。働かない・殴る・蹴《け》るが標準装備の最悪のロイヤルストレートフラッシュ男としか恋愛できないのかと思うと、絶望的だもの。「ここにいたくない」という一心でいろんなアルバイトもして働いたし、だからこそ東京へ出てくることができたと思う。

第二の分岐点は、東京でエロ本のカット描きの仕事がもらえた瞬間。みんなが知ってるエッチな本のイラストを描いている、ってことで東京の一員になれた気がした。

最初の仕事をしたとき、

「ペンネームとかどうする？」

って聞かれたんだよね。

「本名でお願いします！」

って大声で即答した。都会はどうか知らないけれど、昔はエロ本といえば地方の最有力コンテンツだったからね。普通にスーパーにも置いてあって、死ぬほど売れてたんですよ。そこに名前が載るってことはすごいことだから。エロ本でも自分の名前をみんなに知ってほしかった。

考えてみたら、本当に仕事は裏切らない。一生懸命働いて頑張ったら、0点じゃない人が来てくれるようになった。

自分の点数を上げようと思って、「オンナを磨く！」ってよく言うけど、容姿を磨くのが許されるのはごく限られた若い美人のこと。そうじゃない女は仕事で点数上げるのが一番てっとり早い。年収500万の彼氏が欲しければ、自分が年収500万になればいい。

0点じゃない彼氏が欲しければ、自分が0点じゃなくなればいい。

私の場合はとにかく仕事だった。どんな仕事でもどんな媒体でも、とにかく漫画を描き続けることで、ちょっとずつ自分に自信がもてるようになったんじゃないかな。若さとか美貌《びぼう》以外のところで努力してきたから、今の私がある。いや、美貌は元からないけど。

でも、0点の彼氏を知っているからこそ、30点や60点の彼氏のありがたみがよくわかるんだ。もしもだけど最初っから点数の高い彼氏と付き合ってたら、背が低いとか年収が低いとか、ワケわかんないこと言っちゃうかもしれない。ダニエルじゃない！　みたいな（笑）。

それに、60点の彼氏なんてそう簡単には見つからないでしょ。もし60点の男がいたとしたら、彼のいいところだけを見るようにしないと、幸せにはなれないと思う。

自分がそんなに点数が高いとは思わないけれど、0点じゃない。

0点の自分じゃないことがすごく嬉《うれ》しい。

今、もし30点の人が来ても、それはそれで楽しめるかもしれない。わー、30点だ、あはは〜みたいな。だから、娘には、

「とりあえず30点の彼氏から始めよう」

って教えてる。さすがに0点は勧めないけどさ。

己の漁場を知る

なんて、エラそうなこと言っても、説得力ないよね。結婚したのが、よりによって普段の生活ではまったく役に立たない戦場カメラマン（笑）。息子の中学校の卒業式のときに、私はネクタイを結べないことが発覚して。そういえば……ネクタイを結んだ男と1回も付き合ったことがないなぁと。つまり、「どういう漁場で釣りをしていたか」ってことですよ。今まで非常にリスクの高い漁場で釣りをしていたってことですよ（笑）。

仕方ないんで、一緒に住んでいる母親に頼んだんだよね、息子のネクタイ結んでやってくれって。そうしたら、「あたし、ネクタイは、よう結ばん。ふたりのダンナはネクタイせん職業やったし」

って。あーッ、うちは母娘2代で非常にリスキーな漁場で一本釣りしとったんかい〜!!

ネクタイしない職業ってどうよ?! もうね、朝っぱらから驚愕《きょうがく》の事実を突き付けられたワケですよ。

こうしてみると、私が0点の彼氏から右肩上がりに点数が上がってきたかのように思う人もいるかもしれないので、言っておきますけど、

「小豆相場のような恋愛」

でしたから。不安定とか変動なんてもんじゃない、乱高下ですよ。ほら、私は「面白い」を基準に男を選んでるから。生活破綻者《はたんしゃ》とかね。痛い目に遭って、気づけばいいんだけど、やっぱり私は「面白い」が譲れないんです。だって、アブナイは楽しい。危険は楽しいもの（笑）。

うちのアシスタント兼マネージャーの愛ちゃんは昔、超メンクイでね。デヴィッド・シルヴィアンが好きだったんですよ。いかにもミュージシャンっぽい容貌《ようぼう》が好きってことは、無職のクズが好きってことだよね（笑）。でもね、あんまりにもクズばっかりが来るんで、自分で自分をぶん殴って、矯正したんだって。このままだと先がないなって。そこで、漁場を変えたワケです。

で、外見は自分の好みとは真逆の人を選んだの。その人と結婚して、もう12年がたちますからね。すごく優しいダンナさんで二人幸せそうだもん。

私が知ってる自分で自分を矯正した、唯一《ゆいいつ》の成功例かもしれません。

おかげ様で0点の男とかはもう来なくなったけど、あいかわらず変な人とは付き合いがあって、こないだは家族全員ドロボーってのが家に上がってきて、家のもんたくさんなくなってた。どーでもいいけどティファールのコベコベのフライパン、××さん、あんたあんなもん盗んで何しようってんだよ、玉子コゲつくよアレ。

第3章

男はみんな日本語の上手な回教徒だと思う

相手に少ししか求めない

ほしいのは夫ではなく彼氏

子供ができたときに思った。

「これでもう男がいなくなっても大丈夫」

って。子供さえいればもう何もいらないって、よく女の人が言うでしょ。でも、あれ、ウソ。大ウソですから。私だけかもしんないけど。

「男の穴と子供の穴はまるで違う」

子供ではぜんっぜん埋まりませんから。

もちろん、子供は子供でとても大切で、かけがえのない存在で、いてもらわないと困るんだけど。

ええと多分、私は恋愛至上主義者。結婚じゃない。私がほしいのは彼氏であって、夫じゃない。

夫婦は子育てとか、一緒にローンを払うとか、どっちかが倒れた時の、いわば

「保険制度」。鴨ちゃんと結婚して、子供ができて、離婚して、見送った今は、本当にいろいろな意味で自由になれたし、やっと訪れた平穏な状態。でも、あまりにも苦しくてつらい数年間だったから、

「もしかしたら、これで自分もいよいよ『男いらないゾーン』に入るのかなぁ……」

なんて思ってたんだけど……。向こうからトッチャン坊やがテクテク歩いているのが目に入っちゃったから（笑）。結局、男のいない人生が続かなくて。

でもね、鴨ちゃんといるときに、人生の優先順位をつけるクセがついたの。目をつぶって、今の自分にとって何が大事か、考えてみたんです。すると、

「子供、仕事、自分の健康」

がベスト3。あとは捨ててもいいって。親も、鴨ちゃんもいらないって。それでやっと正常な判断が下せるようになったし、ラクになれたから。だって、鴨ちゃんが家で暴れているときに、近所の寄合とかPTAの集まりとかに出ちゃってたんだもの。「今、それがマストじゃない」ってことに気づいてないの。自分でも疲れすぎていて、何が何だかわかってなかったんだよね。こうなると本末転倒。

たぶん、この優先順位は不動のベスト3なんだと思う。だから、彼氏はどう頑張ったって、4番目以下なんですよ。かっちゃんは私にとってものすごく大事な人だけど、多分4〜10位くらいなの。

かっちゃんと結婚しないの？　ってよく聞かれるんだけど、なんで今さら籍入れなきゃいけないの？　しかもこの年で結婚したら、私に不利なことが山ほど待ってるでしょ？　先方の親戚《しんせき》だの仏壇だの墓だのって、なんでこの人の家のことまで考えなきゃいけないのよ？

むこうの家族だってこんな痛いおばさんとなんか絶対つきあいたくないと思うし（笑）。冗談じゃないっつうの。

だから、私が勧めるのはあくまで熟年恋愛であって、熟年結婚ではありません。紙切れ1枚でちょっとよその男といたらW不倫とか言われちゃうんだよ？　なんでそんな不自由にならなアカンの！

全体的にちょっとイヤ（笑）

夫や恋人のココが許せない！　みたいな話で、女の人って盛り上がるよね。口のきき方とか仕草とか、洗濯物のたたみ方ひとつで大ゲンカするとか。もともとは大好きで付き合い始めたから、イヤなところが見えてなかったというのもある。時を経て、小さな不満が溜《た》まっていって最後の一撃、みたいなこともある。

女の人ってポイントカード制なんだよ。イヤだなと思うたびにハンコをひとつずつ押していく。相手が気づかないうちにポイントいっぱいになっちゃって、ある日突然キャッシュバックキャンペーン開催。熟年離婚ってほとんどがそうなんじゃないかな。

私は、かっちゃんのココがイヤ！　っていうよりも、全体的にちょっとイヤなんですね（笑）。イヤっていうか、残念というか。でも、笑っちゃうんですよ。とにかくハシもまともに持てないし、食べもんはぜんぶ混ぜて一瞬で飲み込む。キングオブクチャラー。

怒り狂った女性患者を論破して40年。私とちょっと口論したら徹底的にやり込めるまでしゃべり続ける。そんで空気読めないんじゃなくて、まるで読まない。小さい頃すごいいじめられっ子だったって。辛《つら》い思いをした事をよく言うんだけど、「キミ達は貧乏人の小作のくせに」とかもっとひどい差別用語を平気で言って。そら殴られるわ。

で、あとはまー「疲れた、疲れた」の連呼。

「ああ、やっぱり年とってるんだなぁ」

って、しみじみ思ったりして。でも何かまたそれも「まーいーか」。だってケンカして直るもんでもないし、第一そんなことで時間使うの一番もったいないし。そもそもかっちゃんを直すなんて誰も出来ないし。

プレゼントのセンスの悪さもピカイチだけど、それはそれで漫画のネタになるし。

友人の中瀬ゆかり（新潮社出版部部長）に悪いことしたなと思ったのは、かっちゃんがオランダのアムステルダムへ行ったときのこと。

「中瀬さんが喜びそうなモノ買ってきた」

って彼女をわざわざ仕事中呼び出したの。どんなに素敵なお土産かと思うじゃない？　開けてみたら、ちょぼいライターでさ、火つけようとすると、中からおもちゃのチンコがペロッと出てくるダケの100円のオモチャ。目が点になってる中瀬さんにかっちゃんが「ねっ、ステキでしょ、ねっ」って……。

さすがにそれは恥ずかしいというか、申し訳なくてその場でどなりつけた。かっちゃんに限らず、男の人のプレゼントはセンスがない。なんであんなにいらんもんばっかりなのかね。今まで、もらって一番ありがたかったのは、精子くらい（笑）。

男は日本語の上手な回教徒

そもそも男の人を直そうとか、ダンナを調教しようということ自体考えたことない。無理だって。あの人たちは日本語の上手な回教徒だと思ってんの。生活様式から習慣から何もかもが違うんですよ。

「ああ、日本語お上手ですね」

って褒めてやってください（笑）。そうすると自分も腹が立たない。

逆に、男から「お前を直してやる」「オレ好みの女に調教してやる」なんて言われたら、どう思う？　ゾッとするでしょ？

こればっかりは、熟年で許容範囲が広いから、っていうのじゃないと思う。若い頃結婚して、姑《しゅうとめ》から、

「一日も早くこの家のやり方を覚えてね」

なんて言われたらイヤじゃん。ありえないでしょ。それを彼氏やダンナにしているんだから。今はもうそんな時代じゃないんだしさ。

相手が嫌がることをやってケンカするぐらい不毛な時間の使い方はないし。

結婚してずっと一緒に暮らすって、楽しくない事多いよね。そこを頑張って、子供さえまともに育てれば、後は大人同士は何やったって、いい人生送ればいいってつくづく思うんだ。ジジイとババアの浮気とかW不倫とか許してやれよ。最後のローソクの一燃えなんだから。

かっちゃんはお酒を一滴も飲まない。しかも食事は1分でがーっと済ませる。単純にガソリン補給なんですよ、食事が。お酒を飲まないから余計に研ぎ澄まされちゃったんだろうね。美味《おい》しいモノを味わうとか、栄養のバランスとか、そういうものはいらなくなった、みたいな感じ。でも、私はお酒も好きだし、美味しいレストランで美味しいものを時間をかけて食べるのが大好き。

さあ、この折り合いどうつけるか。かっちゃんの住んでるホテルの部屋に、ルームサービスを頼んだり、酒や食べ物を持ち込むんです。かっちゃんはレストランで食事するよりも、部屋でビデオ観《み》たり、ツイッターでつぶやきたいから、しょうがない。私は克弥をツマミに酒を飲む。克弥をオカズにごはんを食べる。ただ、1時間だけとか、時間を決めると我慢して付き合ってくれる。銀座のお鮨《すし》屋《や》のカウンターで、我慢してくれるんです。でも10分もすると、

「何が楽しいのか、こんなことをして」

とかブツブツ言い始める。しまいには、

「まだ？　まだ？　もう食べたでしょ？」

って超ディスりはじめて、うっせーな、子供かよ！　ってね。こんな具合ですよ。ま、酔っている私に付き合ってくれるんでありがたいけど。私が酒を飲んでいると、豹変《ひょうへん》するのがわかるんだって。急に違うことを言い出して怒り出したり、急に泣き出したりするらしい。

「数えてたんですけどねぇ、西原さん、あなたの中に7人の人間がいますねぇ」

だってさ。おれはビリー・ミリガンかッ!!（笑）

普通はお酒飲む人と飲まない人って、テンションに差があって相容《あいい》れなかったりするでしょ。でも、まぁ、しゃーない。お互いに多少の譲歩はするけれど、直そうなんてこれっぽっちも思ってません。だいたいワガママなほうに引っ張られるんで

すけどね。どっちもどっち、って話だよね。

無茶苦茶な男は誰も止められない

まず、白馬大雪渓に誘われたんです。なんかもー神保町のアルペンでそろえたすげー登山の装備で、見たこともない険しい山にどんどこどんどこ登らされて、

「下るのに何で登んだよ」

って、キレた瞬間、思いっきり脚を滑らせてね。尾てい骨を打ったんですよ。もうね、痛くて立ち上がれなくて、涙を流しながら、

「あ、でもこれでやっと帰れる」

と思ったんですね。ところが分が悪いことに、相手は医者ですからね。

「尾てい骨骨折は歩ける、大丈夫。立ちなさい！」

って、バンバンピッケルでケツ叩《たた》かれちゃって。死ぬかと思った（笑）。骨折程度で済めばいいけど、そのうち私は命を落とすかもしれない。かっちゃんはなにしろ無駄に金持ってるからね。次に連れて行かれたのがヒマラヤですよ。標高５８００メートルの。

しかもヘリコプターを終日チャーターして。いきなり5800メートル地点へ。富士山よりも高いところにいきなり着くってどうよ？　高山病にもならないスピードですよ。高山病って、なるまでに時間がかかるんですって。数時間かけて高いところへ行くから、高山病になる。行って、高山病になる前に帰ってきちゃえば問題ナシ。

って、かっちゃん……いや、問題あるわッ！　標高5800メートルではヒートテックがまったくヒートしないの！　マイナス28度だからね。マグロの冷凍庫みたいなところで、おまけに酸素が薄い！　寒さよりも酸素が薄いほうがキツかった。3800メートルくらいまでは笑ってたんだけど、途端にふたりの顔色が変わり始めてね。酸素薄いとね、お互い妙な水中クンバカジェスチャーゲームみたいになってってさ（笑）。縁日のヤバイ金魚みたいに口パクパクしちゃって。オペラ「魔笛」で声を奪われて、口パクパクしてるヤツいるじゃん。あのパパゲーノみたいになっちゃってさ。さすがの私もこんな体験は初めてですよ。デートで生命の危険を感じるなんて。

もう、やることすべて無茶苦茶なんだよ。思い立ったら行動しちゃう人ですからね。

「ヘリがそんなにイヤなら、プライベートジェットだったらいい？」

だってさ。だーかーらー、そういう問題じゃないってば!! 基本的にかっちゃんが思いつきで出かけるのに便乗していれば、楽しいし、ラクちんなんだけどね。さすがにこーゆーキッツいデートが続くのは痛い。

縁日の金魚状態でパクパクしながらも、記念写真撮ったりしてね。あと5分いたら死ぬなって状態で（笑）。私はギャグ漫画家ですからね。ネタとしてはおいしい状態だからね。ところが、その極限状態でかっちゃんは私を置いて、ヘリに先に逃げたんですよ!! 私の頭の中には『タイタニック』のテーマ曲が流れて、

「ああ、この人は私を助けてくれないんだ……」

って。ハッキリわかりましたからね。レオナルド・ディカプリオは自分の命を差し出して、ヒロインを助けたけれど、かっちゃんは一目散に逃げるんだなぁって。証拠写真も撮影しましたから。ええ、瀕死《ひんし》の状態でもそういうことだけはぬかりなく。

ああ、誰か『ボディガード』のケビン・コスナーみたいに、お姫様抱っこで助け

てくれないだろうか、と思ってたら今度は頭の中にあの曲が。

♪えんだーーーあいやーーーーういるおーるうぇいらぶゅーーー
ってね。人間、極限状態で本性わかりますよ。この男、本当に大丈夫だろうかと心配になったら、ヒマラヤへぜひ（笑）。

そして、今ひとつ、不安があるんです。さすがにこれは拒もうかと思っているんだけどさ、最近、かっちゃんは厄介なことにホリエモンと仲良くなっちゃって。宇宙って言い始めた……。

「死ぬまでに宇宙はぜひ行ってみたいから、一緒に行こうね♪」

だってさ。ちょっと待ってよ、宇宙って、事故率高すぎ！ 40回に1回くらい人が死んでるじゃん！ しかもまだ認可されてないし。普通の飛行機だって、何千回飛ばしてやっと認可ですよ。宇宙に行く前に死ぬわ！

万が一うまく行ったとしても、『マイライフ・アズ・ア・ドッグ』で出てきた、宇宙に連れて行かれた犬みたいな。クーンクーンって鳴きながら星になるっていう。そんなん絶対イヤやん！

ある程度成功した男の人って、なんでみんな宇宙って言うんだろうね。有名なI

T系社長とかさ、みんなが「上へ！ 上へ！」って言いすぎて、上昇志向の果てに必ず宇宙って言い出す。なんかそういう法則あるんですかねえ、男の人って。私は「アレキサンダー大王病」って言ってるんだけどさ。

だって、プライベートジェットで雲の上行ったたって、ほとんど同じじゃん。オーロラとか見えるし、地球がなんとなく丸いのもわかるし。わざわざ宇宙行かなくたって、いいじゃん。つうか、誰かかっちゃんを止めてください（笑）。

この年になったら、学習とか感謝とか

熟年女性が若い男にハマるってよく聞くんだけど、私にはさっぱり理解できない。ホストクラブとかホント嫌いで。だってあいつら、頭も悪くてお金もなくて、口ばっかりでしかもセックスも下手。若いから当たり前だけど。そんなやつにどうして金払わなきゃいけないのか、不思議でしょうがない。だって、そんな男がうちの中にひとり、しかも永久指名のヤツがいるからね。高校生の息子が。

誕生日にはプレゼントとか貢《みつ》がなきゃいけないし、これからも相当金がかかるだろうから、よそのスカタン男にドンペリ開けてる場合じゃないんですよ。いまだに

箸《はし》もちゃんと持てないし、マナーも教えなきゃいけないし。

日本は男も女も若いのが好きだよね。もちろん遺伝子的には正しいと思うんですよ。生殖能力のある、若くて健康なのを好きにならないと、お互いの子孫を残せませんから。

あえて、若くてアホな0点の男を選ぶ派閥というのもある。自分はお金もあって、仕事もあって、アホな男でもちんこさえ硬ければ愛《め》でることができる、という流派ね。私の友達の作家・岩井志麻子ちゃんがこの流派なんだけど（笑）。

でも私は違う派閥。若いのとは1分でも一緒にいたくない。時間の無駄だと思ってしまう。そういう意味ではかっちゃんも同じで、若い女が嫌いなんだって。

「大事なのは脳みそだからね」

って言ってくれる。

でも私だって、最初っからこうだったわけじゃない。若い頃はバカでアホで0点だったんですよ。人にお金貸したり、男にヤラせたりね。たのまれると嬉《うれ》しくて、簡単になんでもOKしてた。

かっちゃんも相当なろくでなしだったみたい。医大生の頃なんて、外車乗り回して、ダンスパーティーとか行くと、医学生だって言うと女の子がいくらでも寄ってきて、そのままヤリ逃げできたんだって。で友達と「誰がいちばんブスをナンパするか」って勝負したり。

そんなブスを部屋に連れて帰って、「これから付き合ってくれる？」って言うと、だいたいがＯＫなワケですよ。それで何にもしない。そうすると、必ず部屋の掃除とかしてくれるんだって。そんでドライブしようっていって道に捨てて帰ってくる。だから部屋を掃除するためだけにブスをナンパする、という悪行をしていたそう。ね？ 最悪でしょ、若かつや。過去のガールフレンドたちが泣いて怒って怒鳴りつけて、苦労してくれたからこそ、今のアタリの良くなったかっちゃんがあるワケで。

学習と感謝って話ですよね。

若いうちは、学習と感謝が足りないし、配慮もない。それは人によるのかもしれないけれど、往々にしてそんなもの。だから私は若い男が嫌いなの。

好きな人に好きな人ができたら……

付き合っている男に好きな女ができたら、私は「はいどーぞ派」です。恋ってすごくすばらしいことだし、自分が好きな男だったらなおさらのこと。だからもし、かっちゃんに私以外の大事な人ができたら、「まーどーぞ」ですね。大事な人が死んじゃう事思えば、どっかで幸せにやってくれてるだけでウレシイよ。だって、彼にとっては最後の恋になるかもしれないでしょ？　じゃあ、浮気だったらどうするか。私、割と平気。「水道水で洗うたら、まだ使えるで派」なんで。それくらいのことなら喜んでお貸ししますよ。拘束したら余計に逃げていきますから。

鴨ちゃんに彼女いた時も腹立たなかったなあ。「どんな子かなあ」って息子の彼女を見てみたいみたいな感情はあったけど。

東京の人って浮気とか不倫に対して、ものすごく厳しいよね。浮気が「暴力をふるう」のと同じカテゴリーに入っていて、びっくりしたもん。浮気って離婚理由になるんだって驚いたからね。

東京っていうよりも、今の時代なのかな。浮気よりもよっぽど恐ろしい、貧困と暴力をイヤというほど知っている私としては、「たかが浮気」としか思えない。すんません、ダラしなくて。

最近では、不倫のことを「婚外恋愛」って言うって。罪悪感を和らげるためだかなんだか知らないけれど、なんだそれ？ って。子宮外妊娠かよ（笑）。ルールを守って責任とれる覚悟で墓までヒミツを持っていけるなら、ダンナがいてもどんどん恋をしましょうよ。大丈夫、バレやしないって。髪を切ったその日に「髪だいぶ伸びたね」っていう生き物だから、男は。こっちは全部わかってるけどな。男と女では、察知能力といい、情報収集能力といい、実力差で言えば、セコムとCIAくらいあるからね（笑）。

いつもニコニコ、グーグルちゃん

かっちゃんのことをときどき「グーグルちゃん」と呼んでいます。グーグルで何かひとつのワードを検索すると、青い文字でいっぱい出てくるでしょ。その青いのを全部開いていると、いつの間にか全然違う話になるじゃない？

1個の検索ワードに引っかかっちゃったら、そっちの話に行っちゃって、結局何を検索してたのかわからなくなっちゃう。それと同じ。

彼の脳みそは司書のいない図書館みたいで、異様に記憶力がよかったり、突然変な引き出しがあいたり。もともと脳みそにそういう障害があるんじゃないかと思うんだけど、いつも何しゃべってるんだかわからない、でも何かしゃべってる、話がまとまらなくなっちゃうんだよね。だからグーグルちゃん。

ビッグバンから語り始めたはずなのに、最後は三国志に落ち着くみたいな（笑）。頭がよすぎるってのもあるけれど、沈黙が怖いから常に周囲に気を遣ってしゃべってくれているときもある。最近はもう私もイージーリスニング状態で何分かに1回うなずいてるけど全然聞いてない状態を万年やってるけど。

私は過去に男の人のモラハラ的なモノ、パワハラ的なモノですごくイヤな思いをいっぱいしているんですよ。怒って恫喝《どうかつ》したり、舌打ちしたり、モノに当たり散らしたり。家庭という狭い空間の中で、自分よりも力が強くて、腕力のある男がイライラしているのは、本当にイヤだった。精神的なイライラを四六時中伝えてくる、あのイライラオーラ。それに怯《おび》えるなんて、もう二度と経験したくないもの。

かっちゃんには、パワハラとかモラハラとか、男の人特有のマイナス面が一切ないんで、外では怖い人らしいけれど、私にはとにかく優しいし、何を言っても怒らない。

たぶん、彼は育ちがよくて、本当にいやしい人ってもんがよくわかってない。だから、モラルを逸脱した男や暴力をふるう男、理不尽に怒りをぶつけてくる男の話をしても、かっちゃんは理解できないんだよね。「そんなはずはないでしょう」ってね。世の中にはさ、虐待《ぎゃくたい》する親とか「こいつが死んでくれたほうが家族も幸せ」って人間は大勢いる。

したら、かっちゃん「そんな事はない。どんな人でも生きるべき、親孝行するべき」ってゆずらないの。いつも一番大ゲンカするのは、この手の話題。ホント、ムカつくわ。あんまりにもダークサイド見てなさすぎ。

彼は美容外科という職業柄、女の人の怒りをうまくかわすのがプロ。女性患者を論破する職業だからね。ワケわからんこと言い出すばあさんを一瞬にして説き伏せる技術を持っている。いくら私が感情的になってキーキー言っても、

「はいはい、風邪ひいてるのかな、だからこんなに機嫌が悪いんだね」

なーんて丸く収めて戦意喪失させるのがうまい。彼にダークサイドを理解させようとして怒り狂ってる私がダークサイドで大損。ケンカになったとしても、最後は

笑って終わるという。

ま、オトナというより老人なんで丸くおさめるのは上手ですね。

パンダよりも人気のあるKY

歴史マニアのかっちゃんは美術館や博物館が大好き。ものすごくマニアックな知識、しかも偏《かたよ》ってひねくれた知識があるもんだから、一緒に行くと面白い。いちいち裏歴史を解説してくれたりする、公共の場で大声で。

「独立政権というのは間違っている！　実はこれはかくかくしかじか裏事情が……」

なんて大声でしゃべるもんだから、人が集まってきちゃって。

ほら、かっちゃんはやはり有名人で、面が割れてるからね。「あー高須先生だ！」なんて寄ってきちゃって、あっという間に人だかりに。撮影会まで始まっちゃうからね。館内スタッフの人に「お静かに……」なんて注意されることもしばしば。

人体の不思議展に行ったときなんか、かっちゃんの周りにガイドさんまで集まってきて、話を聞いてたからね。ガイドが聞くなよ！　って（笑）。

かっちゃんは展示の柵《さく》を平気で越えていって、その人体の横でベラベラしゃべりまくってんの。あげくのはてに、

「こんなに若い、しかも病理のない臓器の遺体を、こんなに大量にそろえるというのは大変むつかしい。しかも揃《そろ》って、全員がアジア人。ということは、中国政府のしわざだな」

なんて、大声で結論まで出しちゃって。

あまりにも堂々と大声でしゃべってるもんだから、誰も正面切って注意しようとしないんだよね。天然のキャラだからねぇ。ここまで堂々と空気を読めないと、日本人は叱《しか》らないですよ。逆に拍手が起きちゃうくらい。動物園のパンダみたい。

ネットでも何回か書かれたことがあります。

「高須先生と西原理恵子がふたりで大声で騒いでいた」

って。あのね、大声で騒いでるのはかっちゃんだけですから。私は騒いでませんから。歌舞伎座で幕間《まくあい》の時に大声で間違った解説をしていたのも、ふたりじゃなくて、あの人ひとりですから。そもそも間違いを指摘できるほど、私に基礎知識はないし。

高須ウソつかない　有言実行の人

ちょっとキテレツな人に見えるかもしれないけれど、根っこは真面目《まじめ》な医者なんです。見た目は浅香光代で、おかしな体になっちゃってるけどね（笑）。私が尊敬するのは、

「絶対にウソつかない」

ところなんです。適当なその場しのぎの耳触りのいいことなんか言わないし。ある時、ものすごいウソつきのヤローがいるんだけど、かっちゃんはそのヤローとの約束もちゃんと守るんですよ。

「相手がウソついたんだから、別に守らなくてもいいじゃん」

って言ったら、彼は、

「相手がウソをつくことと、私が約束を破ることとは違う。相手が誰であろうと、僕は約束を守る。相手がウソつきか正直者かは関係ないんですよ」

だって。昔の人だし、年寄りだからね、筋をきっちり通すんですよ。

「約束をしたから」「目上の人だからこちらから会いに行かなければ」って、１日

のうちに大阪・東京・名古屋と行ったり来たりしてね。どんなに忙しくても、どんなに寝ていなくても、約束は守る。

有言実行と、融通のきかないのバリューセットの人なんだよ。

フツー忙しいと、デートをドタキャンしたり、「この埋め合わせは必ず」みたいなことがしょっちゅう出てきちゃうじゃない。相手はそれに振り回されたり、待たされたり、悲しんだり、そんで最後は大ゲンカになるっていうパターン。

でも、かっちゃんはそれがない。365日ほぼタイムスケジュールが決まってるのに、会うと決めたら絶対に会う。たとえば、仕事の都合で早い時間帯に会えなくて、夜10時を回っちゃったとする。それでもわざわざ迎えにきてくれたりする。

「寝る前の5分だけでもいいから一緒にしゃべろう」

って。その5分をとても大切にしているんですよ。もし、そのままお互いに寝てしまったとしても、朝一緒にごはんを食べることができれば、トータルでも10時間は一緒にいられたことになるから、って言うんだよ。

これだけ多忙な人なのに、一緒にいる時間を作ってくれる。分刻みのスケジュールでも、

「大丈夫、やればできるから。絶対会えるから」

って。で、言った通りに約束を守ってくれる。

普通に彼氏から大切にされてきた女だったら、こんな些細《ささい》なこと、と思うかもしれない。でも0点を経験してきた私にとっては、とってもありがたいんです。

携帯はパンドラの箱

彼氏や夫の携帯電話を見る人っているよね。あれはドツボだよ。誰だって秘密はあるんだし、見てもいいことなんか絶対ひとつもない。私だって自分の携帯を見られたくないもの。携帯は希望のないパンドラの箱だし、てゆうか、携帯をのぞかないくらいの距離でつきあいたい。ちょっとうす目な感じ。
と言いながらも、かっちゃんの携帯を1回だけ見たことがある。私の携帯にワケわからない動画つきのエロメールがきたんですよ。タイトルは、
「80歳老婆《ろうば》大乱交動画」(笑)
これ、絶対観たい！　死ぬほど観たい！　でも自分の携帯で観るのはイヤだったので、横でガーガー寝てるかっちゃんの携帯に転送して、こっそりその動画を開い

てみました。それがさ、いつまでたっても老婆の大乱交が出てこなくって。あきらめて、履歴を全部消して、知らんぷりして置いといたの。しばらくしてから、

「最近、スパムメールが多いんだよねぇ……」

だってさ。1日100件くらい来るんだって言ってた（笑）。そうなんだ、大変だねぇ、って。まったく気づいてなかったみたいでさ。『週刊新潮』の連載で漫画に描いてバレちゃったけどね。

携帯と言えば、かっちゃんからは毎日電話がかかってきます。私も1日1回くらいは連絡するかな。今日何があったか、っていうことと、『週刊新潮』で難しいお題が来ちゃったときね。すいません、彼、新潮のゴーストライターです。

電話だけじゃなくて、ラインは常にペカペカ鳴りっぱなし。もうね、スタンプだらけ（笑）。連絡がとれないと1日に20回も30回も連絡がきたりするんだよね。私が携帯でつかまらないときは自宅に連絡がくる。愛ちゃんが辟易《へきえき》するくらい。

これは、私のことが好きだから、ではないんですよ。1個がつっかえると、先に進めない人なんです。何か立ち止まるような案件があると、それが解決するまでは先に進めなくなっちゃうみたい。でもしょうがないの。そういう性質なんだから。

だからといって、私も全部に返信はしないけどね。追いつかないですよ、スピードが。こっちも忙しいしね。そんな距離感です。

今は週に1回必ず会っているので、ちょうどいい距離感なんだと思う、年寄の恋愛には。すごく静かでゆっくりすごしてます。

神取忍《かんどりしのぶ》的な男気

男の人ってさ、「今、この状況でソレ言う?!」ってことが多くない？　今までの生涯でも何度も直面したんだけど。男女間の象徴だよなぁって思うのだ。

内田春菊さんの小説『ファザーファッカー』でね、それを表す象徴的なシーンがあるんだけど、主人公の静子は中学3年生で妊娠してしまう。静子のオヤジ、養父なんだけど、こいつがろくでなしでね、静子に虐待をする男なんだけどさ。その養父が怒り狂って、妊娠させた彼氏の家に押しかけて、静子をぼっこぼこに殴るんです。

その後、ボコボコで泣いている静子と彼氏が部屋に逃げ込むんだけどさ、外でオヤジが暴れてるんですよ。そのときに、彼氏がクラブの日誌かなんかを書いていて、

「ねえ、この字ってどう書くんだっけ」

って言うの。今、これだけの修羅場を迎えているのに、字かよ?! なんか他に言うことあんだろッ!! ってね。

まあ、かっちゃんはそこもまたチョーエッしたワケわからん発言ばっかだけどね。でも私が出演していた東京MXテレビの『5時に夢中!』の降板のとき。

私が放送中に「マンコ」って言ったことで、番組から干されたってヤツ。私は別にどうなろうと気にしていなかったし、テレビに出られなくなってもよかったんだけど。

まー、MXとしては、私とかっちゃんの事知らなくて、高須先生のスポンサーの番組に、こんな下品な事言う漫画家のおばはんがいたんで、気をきかせて、

「ブレイな奴《やつ》を降ろしときましたから」

って、真先にかっちゃんに報告したんだね。

かっちゃんが猛烈に怒って「誰が金出しとんじゃいッ!!」って逆ギレしてスポンサーを降りちゃった。

世間一般的には、オンエア中に放送禁止用語を言う方が責められて当然だよね。

つうか、私自身は世間一般なんか気にしちゃいないんだけどさ（笑）。でもそこでかっちゃんは、

「マンコと言って何が悪い!!」

って逆ギレして、スポンサーやめてはじめて私に電話して「実はこんなことあってねっ」て。私、最後に全部知ったの。

この人、味方してくれるなぁって、人として素直に嬉しかったけど、人として普通に間違えてるなあと思った。

かっちゃんは職業柄、たぶん物の見方が女子視点なんだよね。ハーレクインの小説とか、宝塚の男役みたいな。要は、

「神取忍だったら今こう言ってくれるに違いない！」

ってことですよ（笑）。もし女が男になったら、全部こうしてくれるという女の願いや妄想を実現してくれる。

日本の男の人って、たいがい自分の奥さんのことを悪く言うじゃん。うちの鬼嫁とか、メシマズ妻とかって。あの習慣、何とかならんかねえ。どんなに人前での習慣であっても、何年も言われたら腹にドスつっこみたくもなるわ。

相手が嫌がることはしない

ちょっとした嫉妬《しっと》とかケンカはさ、あとで笑って流せる。年寄り同士だからね、ガッツリ怒る気力とか体力もうないし。でも譲れない信条みたいなものって、あるでしょ？　信念というか、その人にとっては大切なことって。そこは守ってあげなきゃいけないと思ってる。

私が心残りというか、残念だなぁと思うことがある。それはかっちゃんとの子供。大好きな人だから、すんごいほしいなと思ったんだけど、かっちゃんは断言した。

「それはない」

って。

私はふたりの子供を育てたけれど、あの子たちがものすごく小さいときは鴨ちゃんが暴れてひどい時期だったからね。実にもったいないことをしたなぁと思うんだけど、記憶もあんまりないし、写真もそんなに撮ってないんですよ。逃げまわりながら仕事をするだけで精いっぱい。

だから、もうひとりできたら、もう1回子育てを楽しめる、今度こそまっとうに純粋に子育てを楽しめるなぁって思った。しかもかっちゃんとの子供だったら、ダメな手塚治虫みたいになるかな？　って。勝手な妄想なんだけど、医者と漫画家の組み合わせだからさ。谷亮子のとこならドカベンみたいな（笑）。

かっちゃん自身「考えが古くてすいません。ダメなものはダメなんです」。断固としてダメだと言った。タワケモノになる、ってね。もし子供ができたら、きちんと育て上げなきゃいけないという責任が出てくるし、高須一族にも少なからず影響を及ぼしてしまうからと。認知しなくてもいいから、とかそういう話でもないと。

出産は有限のことだし、実は正直にかっちゃんにも話をしました。できるんだったら他の人でも子供がほしいし、やらなければ後悔するだろうなと思ったから。そしたら、

「そういう人がいるなら僕は止めません。もしそうなったとしても、僕はあなたを見守るし、何があっても変わらない姿勢をもちますよ」

と言ってくれた。ただし、もう彼女ではなくなる。

「こうして一緒に泊まったり、できなくなるんだよね？」

と私が聞いたら、

「もちろん、そうしてはいけないよね」

って。私の自由意思ですべて好きにしなさい、ということなんだよね。

子供がほしいと思う気持ちと、かっちゃんと一緒に過ごす時間の楽しさを天秤《てんびん》にかけて。どっちが大事か？

その時は46歳、出産するなら最後のチャンスではあるけれど、やっぱりかっちゃんは私にとってものすごく大切で大事な人。彼を失うことはイヤだった。なので、あきらめました。

尊敬できる人で、ものすごく好きな相手なのに、子供を作れないのはくやしいなあと思うけれど。そこだけは心残りかな。

でも逆に、もしかっちゃんが私に、

「仕事をやめてほしい」

って言ってきたらどうするか。悲しいけど、私は仕事を取ります。かっちゃんをあきらめる。人生の優先順位があるからね。もちろん、そんなこと絶対言わないんだけどね。

壊れた男をつかまえてしまったら

女の人がストーカーに殺されたり、暴力をふるわれたりって、事件がしょっちゅうあるでしょ。こういう事件がピックアップされて、明るみに出るようになって、逆によかったと思う。だって、昔からこの手の事件はごまんと起きていたんだし、痴情のもつれとかね。『週刊新潮』の「黒い報告書」じゃないけどさ、今に始まったことじゃない。

子供の虐待も同じ。今まではこうした暴力が見逃されていたから。暴力が当たり前の時代だったから、ニュースにならなかっただけだと思う。

ニュースで見るたびに、もうこれ以上女の人や子供が傷つけられるような事件が起きないように、って思う。ストーカーとかＤＶって、病気なんですよ。心が壊れている病気なんです。急にそうなるわけじゃない。もともと壊れている人がそれを隠してて、ある日急に発症したというだけの話なんです。

彼氏や夫が壊れている人だと気づかないことも多い。私も気づかなかったからね。壊れている人は、自分が壊れていることを隠すし、人の顔色もよく見ている。野生動物と一緒なんですよ。弱いものだけ狙《ねら》って、自分を守ろうとする本能が強くなっている。外ではペコペコして仕事も真面目にやって帰ってきて、奥さんにだけ牙《きば》をむく。しかも周りにバレないように腹にだけケリ入れるとか。病気で理性がないから、どんな卑怯《ひきょう》な立ち回りもする。

そうなったら、話し合うとか、わかってもらおうとか考えてはいけない。全力で逃げて下さい。病気は素人《しろうと》には治せませんから。

私もそーだけど、うまく別れられたとしても、同じような漁場で似たような男を釣ってしまうんだから。自分のセンサーがおかしい、この漁場は違うと気づいた時点で、ぜひアクションを。

たとえば、自分から見てうらやましいなと思うカップルに、誰か紹介してもらうようにするとかね。もう自分のセンサーを絶対信用しちゃいけない。幸せな家庭に育った、いい人同士のカップルって、周りにいるでしょう？ その人たちに協力してもらって、少しずつ自分の漁場を変えていこう。うちの愛ちゃんみたいにセルフ矯正するのは至難の業だからね。

あとは、過去に付き合った男に全部点数をつけて、赤ペン先生になったらいろいろ出てくるよー。今まで付き合った男に共通の欠点があったり。傾向と対策が練れたり。そうすると、もう同じような男とは付き合わなくなるはず。自分自身も何をすればいいのか、どうしていけばいいのか、自《おの》ずとわかってくるはず。さあちんこ赤ペン要チェック!!

私自身がスカ引きの名人だったので、かっちゃんといういろいろなものが揃った人に出会えて、ラッキーだったなと思います。

うっかり当たりくじ引いた感じ（笑）。

でも、私が彼のお金をアテにするようだったら、かっちゃんは付き合ってくれなかったと思う。仕事をして、自分で稼いで、生活を回していくことができているからこそ、こうやってデートできるんだなぁって思ってます。

第4章

恋もお鮨もドレスも手に入る

経済的自立で全部取り

大きいつづらも
小さいつづらも
金の斧も銀の斧も
鉄の斧も私のもんです。

私にあるんで
勝手に住んで
家賃払えや。
こーゆー時ホントに
イヤそーな顔する

チンコ入れても籍は入れるな

いまどきの50歳って、みんな若いよね。昔の50歳なんて、田舎だったらもう孫もいて、見た目も終わってて、完全に年寄り扱いだったけど。今はみんな恋をしているし、ちゃんとチンコも入れてるし（笑）。

ヨーロッパのように大人の恋愛の文化というか、自由婚みたいな文化があればいいと思う。日本人ってケジメをつけたがるのかな。なぜかみんな籍を入れたがる。それですぐに離婚したりしてね。恋人同士で、あるいは事実婚でいいじゃん。なーんで籍入れるのかしら？

熟年で籍を入れるなんて、女の人にとっていいことがひとつもないと思うんですよ。相手の家に入っても、彼が最後まで味方してくれる保証はないワケだし。自分の親のおむつどころか、見たこともないような人たちのおむつ替えさせられたりしてさ。墓だの仏壇だのって余計な苦労がてんこもり。

もうね、不満と愚痴のバリューセットまっしぐらですよ。

好きになった相手だけを見て、一緒に楽しむのが恋。

家族だの姑《しゅうとめ》だの余計なオプションがついてきちゃったら、好きな気持ちなんかすぐ擦り減っちゃうよ。熟年結婚ではなく、熟年恋愛を楽しむようにしないともったいないと思うんだ。

婚活市場では、男は女の顔と若さだけを見て、女は男の経済力だけを見るっていう悲しい話をよく聞く。なんかツライよね、あの構図は。でもさ、それが現実だし、日本においては最大派閥なんだろうね。熟年も同じこと。男は自分の老後の面倒を見てくれそうな、若くて体力のある、いわば「ヘルパーさん」を探す。女は自分の老後が豊かになるように、「金づる」を探す。

恋愛を楽しむためには、そこにいかないようにしないとダメだと思う。だって見た目と年齢だけで女の価値が決まってしまうなんて、つらすぎるじゃん。

もし、私がこの年齢まで何にもしてこなかったら、つまり、仕事をしないで男の人のお財布に頼り切った生活をしていたとしたら？　単純にお金があるというだけの男を優先的に選んじゃってると思う。でも、向こうは若さと美貌《びぼう》を欲するだろうから、はじかれて終わり。熟年恋愛を楽しむどころか、数十年残っている人生、路頭に迷ってたよね。

若い子の恋愛なら、その先に結婚という選択肢があるのだろうけれど、熟年の恋愛に結婚という文字はない。お互いに成熟した大人なんだから、素直に恋愛を楽しめばいいだけ。子供だの家だの墓だの介護だの、余計な心配がもれなくついてくる結婚だけはやめたほうがいいと思う。

恋もお鮨もドレスも手に入る

おばさんで若い頃にモテた自慢をする人がいるでしょ。単純なモテ自慢だったら、それはそれで、もの悲しくもあり、面白いんだけどさ（笑）。でも、自分がどれだけモテたか、という基準が、

「こんなに高価なプレゼントを買ってもらった」

って人がいて、恵んでもらった自慢をされてもねぇ。痛いなぁ、と思うだけ。

もちろんヤッカミとヒガミもあるけどね。私が若い頃は、そんな高価なモノを買ってくれる男は寄ってこなかったし。高価なモノや素敵なプレゼントは欲しかった

けど、自分で買うクセがついちゃったし。でも、自分で買ったモノを自慢するならまだしも、男に恵んでもらったモノで虚勢張るって、どう？

昔からのそういう恋愛はもうやめ。特に母親は娘に「将来ステキなダンナさんに買ってもらいなさい」は絶対に、なし。とにかく自分で稼いで、恋もお鮨もドレスも自分で手に入れる。

全部男に負担させようとするから無理があるわけで。まずは経済的に自立すること。これが熟年恋愛の必須《ひっす》条件だと思う。

男でも女でも、タダメシ・タダ酒・タダセックスは行儀悪いってね。

40歳で資産価値ゼロは悲しすぎる

人生は80年近くあるし、若さとか美貌は確実に衰えるし、おっぱいだってしぼむ。それなのに、20歳の頃の若さと美貌だけで売っていたら、40歳になったとき悲惨だよ。女で20歳でその娘の若さと美貌を資産価値1億円だとしたら、40歳は目減りどころか、0円だからね。

そんな0円の時に離婚して捨てられたりしたら、残りの人生をどうやって生きていくの？ 0円の女がどんなに泣いたって誰も助けてくれないよ。

離婚はしなくても、ずーっとダンナが浮気して、家に帰ってこないとどうなる？ 一生ダンナの悪口を言って過ごすことになる。それを延々と聞かされる子供たちは不幸だよね。そのダンナもずーっとお金を払いながら、自分の子供を頭のおかしな人間に育てあげているという。憎しみが子供にまで連鎖しちゃう、負のスパイラルですよ。

金が入ってくるうちはまだいい。離婚しても養育費を払ってもらえなかったら、子供ともども路頭に迷うワケですよね。だいたい養育費なんて払わない・払えない人が8割以上なんだから。生活費や養育費すら払えない男だから離婚するんだから。

悪い方向にばかり考えているように聞こえるかもしれないけれど、こういう女性たちが実際にどっさりいるんですよ。恨みと憎しみにどっぷり飲みこまれているようなお母さんたちがね。

たとえば、子供の学校のPTAとか参観日とかに行くと、こういうお母さんたちがなぜかふらーっと近づいてくるんですよ。20代で結婚して、でも10年かそこらで愛情が破たんしちゃって。にっちもさっちもいかなくなっているんだろうね。

「ほら、うちは別居で離婚の裁判中だから」みたいなことをものすごい老《ふ》けた顔で言ってくる。いやー、私あなたとほぼ初対面なんですけど。こういう人たちはさ、負のエネルギーを他にぶつけようとするの。もうそれが厄介。

「ナントカ先生って教育者としてどうかと思うの。教育委員会に電話してやったわ！」

みたいなことを鬼気迫る顔で滔々《とうとう》と話してんだよね。もうね、こわくてこわくて。40歳を過ぎると、生まれ持った自分の美醜じゃないモノが出てくるんだなぁって思った。ものすごいダークサイドに落ちちゃった女性は、顔にそういう険が出てくるの。こういう人たちとは関わらないようにしないと。超バックレね。

専業主婦願望は超危険！

常日頃から、私は「専業主婦叩《たた》き」と言われていますが、何度でも言います。女の人は働いて経済的に自立しないとダメだってば。専業主婦っていう仕事は危険すぎる。

だって、人間は必ず病気になる。病気じゃなくても、働けなくなるときがくるんです。夫の収入だけに頼っていたら、夫が病気になったときどうするの？ 保険じゃ絶対まかなえないよ。家族のひとりが働けなくなったくらいで、ぐらっと崩れるような家づくりはオススメしません。

今の若い女の子たちが「専業主婦願望が強い」って聞くんだけど、それ危ないって。確かにずっと不景気だったし、先が見えない時代だし、将来がいろいろと不安でしょうけれど、だからこそ自分が地に足をつけて、根っこを張れるようにしておかないと。男の人だって経済的にべったり頼られて、それで稼ぎが少ないなんて文句ばっかり言われたら、腹立ちますよ。

専業主婦は立派な仕事ですが、非常に不安定な職業だと思います。一生夫が健康で、一生夫の会社がつぶれず、一生夫が自分の事を愛してくれる、という保証の下にしか成り立たない、非常にハイリスクな職業だよ。薄い氷の上にある職業だと思う。

いざ夫の心が離れたり、夫が失業したり、夫が病気になったり、ＤＶやらストーカーを発症しちゃったら、もう生き地獄。

そこから逃げる力って、ズバリお金です。

右手に金、左手に子供の手にぎってソッコーバックレ。

心に小さなヤワラを

自己評価の高い女の人って幸せをわしづかみにする能力に長《た》けていると思う。

「図々しい」を超越したたくましさって、ある程度女の人に必要なんだよね。

最近うなったのは、谷亮子。彼女は柔道で天性の才能もありながら、たゆまぬ努力もしてきた人だけど、それだけじゃない。勝つためのモノを全部持っているというか。あのレベルまでいくと、「武士（もののふ）」ですね。

ヤワラに比べれば、紗栄子なんか「足軽」レベル。

何よりもすごいのは、人に見えているモノがまったく見えていないところ。セルフイメージが一般の人が抱くイメージとものすごくかけ離れているんだよね。だからこそ、平民がやっちゃいけないダイアナ妃よりも長いベールをつけて、フランスの貴族しか挙げちゃいけないようなところで堂々と結婚式できちゃう。しかも12メートルのベール。フツーの女なら首の骨折ってるよ、見事だよ。「ヤワラ、このために柔道で首鍛えたのかよ」とか思っちゃった。

そして柔道界の体罰やパワハラが問題になったとき、

「私自身の現役生活では（体罰や暴力的指導は）一切なかった。受けたことも聞いたこともない」

って言い切ってたからね。んなことあるかっつーの！　女の人は、この鈍感力と自己評価の高さをほんのちょっとだけ見習うべきなのかも。

ちょっと前までは、女の人に、

「心に小さなサッチーを」

って言ってたんだ。サッチー（野村沙知代）って人、相手が誰だろうと関係なく牙《きば》ムキ出しでしょ。

ほら、基本的に女の人はみんなに「いい嫁」だと思われたくて、やりたくもないことをやらされていたからね。大嫌いな姑の介護までやらされてさ、ダンナには、

「だってお前しかできないじゃん」

とか押しつけられてさ。サッチーだったら、

「なんでアタシがやんなきゃいけないのよッ！」

って吐き捨てるだろうから。

でも、その毅然《きぜん》とした態度って、これからの日本の女の人に必要だと思うんだよね。誰に悪く思われようといいじゃん。どうせ姑なんてもうすぐ死ぬんだし(笑)。自分を犠牲にして、その不満から夫との仲も最悪になって、子供を理不尽に叱《しか》っちゃうくらいなら、サッチーみたいにハッキリNOを言えるほうが幸せだもの。女の人がこれ以上犠牲になるのはやめようよ。だから心に小さなサッチーを。

最近では、サッチーだけでなく、

「心に小さなヤワラを」

というのも有効かな、と。鈍感力をフル活用して、周囲がどう思おうと一切気にしない。自分の欲望と幸せのために一直線。

「私の中のヤワラが姑を投げてしまった！」

ってね(笑)。誰が何と言おうと、12メートルのベールはつけて仰々しい結婚式を挙げる。ネットでどんなこと言われても気にせず、政治家になる。才能も努力も武運も夫もセレブも全部取り。それがヤワラ、お見事!! ものの ふナリ。

私が上京したとき、周りにいる子たちがキレイすぎてびっくりしたことを思い出す。スタイルがよくて、脚も細くて長くて、ウエストもくびれていて、顔も美人で、歩いてたら振り返るくらいキレイな女の子だらけ。うらやましいと思ったけど、こりゃかなわないってあきらめ感もハンパなかった。

もし、あのとき、私の心の中に小さなヤワラがいたら……。もう少し自己評価が高ければ、ちょっとはマシな男食いちらかせた……かもしれない。

アタリのいい中古車に感謝

徳川家康って、必ず後家とか熟女を選んでるんだって。床上手で子供バンバン産んでるような女を。あれ、一理あるなあって思う。

だって、アタリがきつい新車って乗りにくいじゃん。乗りやすいように他人様《ひとさま》が一生懸命チューニングしてくれた中古車は、角が取れて丸くなって、乗り心地もいい。男も女も同じだと思うんだよね。

新車、つまり若い頃はお互いにとがっていて、自己主張ばっかりで、無意味な喧《けん》嘩《か》とかワガママとか嫉妬《しっと》とか、ぶつけまくり。でもある程度、年数がたって、失恋とか離婚とか経験すると、たいていが「譲る」「思いやる」ということを学んでいる。離婚した人とかで、よく聞くのはもうあんな思いは二度とゴメンだって。前の結婚のときは子育ても奥さん任せで、なーんにもしなかったような人が、次の結婚では子煩悩《こぼんのう》になったりして。洗面所の排水口の詰まりを直してくれたり、子供のおむつを喜んで替えてくれたりする。それは前の奥さんが死に物狂いで矯正して直してくれたおかげだと思うんだ。

それはもう、歴代の彼女たちや奥さんたちに感謝するほかないよね。

「前の彼女とまだ連絡取って！ キーッ」

なんて嫉妬すんのはどーかと思う。アタリのきつい新車を繰り返し慣らし運転して、丸ーく乗りやすくしてくれて、ありがとうございました、って私は思ってる。かっちゃんも相当アタリのきつい新車だったと思うよ（笑）。若い頃の高須克弥なんて、さぞやめちゃくちゃだったろうと思う。今までの歴代の彼女にホント感謝。

ホモ＝幼稚園児＝アル中？

熟年交際を望んでる人の中には、彼氏や彼女ができなくて、恋愛経験がほとんどない人も多いんだって。30代でも処女とか、40代まで浮いた話ひとつない、とか。

それまで仕事一筋でバリバリやってきて、ふと寂しくなって、誰かと一緒にいたいな、と思っても、なかなか相手が見つからない。ある程度の年取ってから、経験がないことに向かっていくわけだから、そりゃ、そんなに簡単にうまくはいかないわな。

でもその人には、その年齢になるまで、恋愛以外で頑張ってきた経験があるでしょ。仕事に打ち込んできたとか、人に語れるくらいの趣味をもっているとか。それが恋愛で生きないワケがないんですよ。

たとえば、会社で使えないオッサン上司のあしらい方とかさ、お局《つぼね》様の機嫌の取り方とかさ。クレーマーみたいな顧客のなだめ方とか、仕事をする上でぶちあたってきた人間関係とかあるでしょ。それは確実に財産になっているはずだし、恋愛でも多少は生かせると思う。

私、学生時代に水商売のアルバイトをしていて、本当によかったなと思ってる。酔っ払ったお客さんとか絡《から》んでくるお客さんをどうかわすか、勉強させてもらったもん。

「てめえら、ブス！」

って、ものすごい剣幕で絡んでくる客をどうやってタクシーにつっこんで帰すか、とかね。

いやベロチューするフリしてタクシーにつっこむんだけどね。

鴨ちゃんがアル中のひどい時は、それはひどい絡み方をしてたんだけど、ふたりだけそうならないのがすごく上手な人がいて、ひとりが親友のゲイのサトさん。

ホモバーは基本全部のお客さんが店中で浮気してるから、取った取られたですごく仲が悪いんだって。そこをいろんな話題でうまくつなぐのがホモバーのママの腕の見せ所。

イラついてそろそろ絡みそうな鴨ちゃんに、

「鴨ちゃんアレ知ってる？　そう、すごーい。こっちより情報はやーい。ねえ、じゃあアレは？」

ってハメルンの笛吹きみたいにどんどん連れて行く。上手《うま》いなあって。怒る前に気持ちを連れてくんだ、さすがだなあって。もうひとりはみとちさんって保母さん。

鴨ちゃんにやってる事が幼稚園児にやってる事と一緒で。

ホモと幼稚園児とアル中の扱い方はまるで同じだった。

あれは勉強になったなあ。

だからケンカになりそうになったら、ちょっと言い方変えれば回避は出来る。「売り言葉に買い言葉」をしない気配りを教えてもらった。

恋愛に不慣れな人でも、社会生活の中で学んだ人心掌握の術とか、角が立たないうまく収める技術とか、自然と身についていると思うし。いい年した大人の人はみんなそういうテクニックが自然と備わっているはずですから。がんばって熟女、秋のマッタケ狩りとかどんどんやっちゃって下さい。

ゴミ屋敷の女性の気持ちがわかる

私は恋人のいない人生は考えられない。これはいくつになっても変わらないと思う。だって恋愛って楽しいじゃん。

「いい年して、色ボケしちゃってみっともない」

なんて思われてんだろうけど、ま、いーか。

ときどき思うんだけど、ゴミを家の中や外にためこんで近所から大迷惑のゴミ屋敷ってあるでしょ。ゴミ屋敷の女の人の気持ちがちょっとだけわかるんだよね。

「あれもこれも欲しい、何でも置いておきたいし、捨てられない」

っていう。子供も大切だし、彼氏も欲しい。猫がいたらいたでカワイイし、犬を飼い始めたら犬もカワイイ。子供のいない人生とか、男のいない人生とか、猫のいない人生とか、犬のいない人生はもう考えられなくなっちゃう。足るを知る、ってことを知らない。まあ、欲深い人間だなって、時々あきれるけど。

若い頃はどうしようもない恋愛に陥っちゃう時期って、誰にでもあるじゃん。お揃《そろ》いのTシャツ着てハワイ行っちゃったりとか、「あの人には奥さんが……でもダメ愛してしまったの——」とか、ひとときだけはものすごくトチ狂ってしまう時期が。熱病に冒されたみたいな。

で、ふと冷静になったとき、

「なんであんなしょうもない男とあんなことしちゃったんだろう」

って。傍から見ると、イタくて恥ずかしくてみっともない恋愛だけど、その渦中《かちゅう》にいるときは気づかない。誰もが通る道なんじゃないの。

しかも相手に夢中で周りが見えなくなると、過剰な期待と要求をしてしまう。

「あたしはこんだけ好きなんだから、倍くらい返してくれないと！」

ってキーキーしてね。１０００円払ったら1万円欲しい、くらいの勢いで、相手に求めすぎてしまうし。

欲しくて欲しくて仕方がなくなる。それが若いうちの恋。大反省だけど、今思うとやっといて良かったのかも。

相手の立場や都合を考えず、自分の感情だけで突っ走ってしまうのを若い時にゃっとかないと。これを大人になってやるくらい痛い事ないですからね。

「奥さんと別れてくれるって言ったじゃないっキーッ」とかを50歳でやってたら、ただの●チガイババアだよね。でまたそこいらにザクザクいるし。ふう。

年をとってからの恋愛は、相手に何も期待しないのが楽でいいよ。

人は欠損に恋をする

人間はみ〜んな不完全。悪いところを探したらキリがないし、いいところもたくさんある。だから、いいところを見つけるクセをつけるようになった。

ダンナの悪いところばかり見つけて文句言ったり、浮気を疑って携帯をこっそり見るのは自分が疲れてる証拠。ダンナの長所をちゃんと探すクセをつけようよ。

稼ぎが悪くたって、健康でいてくれるだけでどれだけありがたいことか。家事をやってくれなかったとしても、子供に優しく接してくれるだけで、どんなに平穏な家庭になっているか。女の人って適度に自分を忙しくしておかないと、余計なことばっかりに目がいっちゃうんだよね。

かっちゃんが言ってたんだけど、

「人は欠損に恋をする」

んだってさ。美の黄金律みたいなものがすべて整っている人には恋をしないんだって。ちょっとブサイクとか、ちょっと唇が厚いとか、鼻が広がっているとか。そういう欠損に対して、自分だけが理解をしていると思いたい。彼女の魅力やひたむきさをわかってあげられる理解者は俺だけ、そう思ったとたん、その気持ちが恋に変わるんだって。

AKB48の子たちも、ある意味で欠損の塊だよね。クラスで3番目くらいのカワイイ子だからこそ、応援したくなる。全員パーフェクトな、12〜13頭身くらいの小顔の美人ちゃんがいても、誰も応援したくないワケ。そんな子がコタツに入ってきて、脚伸ばしてくるのもイヤだしね（笑）。

私も「かめ犬マニア」なんで。高知ではブサイクな犬を「かめ犬」って言うんだけどね。去年うちに来た保護犬のゴールデンレトリバー犬のぽん美さんはね、美人でレッサーパンダみたく、できあがっちゃってて面白くないんだよね。

世の中にパーフェクトな人なんてほとんどいないし、パーフェクトな人でないとイヤだって人はまず恋愛なんかできないわな。むしろ短所を愛《め》でる方向で考えると、ちょっぴり幸せになれるんじゃないかな。デブ専、ブス専、ハゲ専いこうよ。魚がごっそり泳ぎよるでよ。

美魔女は「職業・美人」

40代50代なのに30代に見える美魔女さんたち。でもさ、身もふたもないこと言うけど、もともとキレイな人が年とってるだけでしょ？ 経済的な基盤があれば、キレイなままでいられるのは当然のこと。職業・美人っていう人たちなんだから、美魔女でもなんでもないよね。

要は猫と一緒。猫は「職業・かわいい」だから。

「さあ、アタシのおなかを撫《な》でなさい、さあササミをよこしなさい」

って、我が物顔で自分の魅力を全開にするでしょ。そもそもかわいがられることが職業だもの。美魔女と言われる人たちも、そもそもキレイが当たり前。だって、アンジェリーナ・ジョリーが40歳過ぎたって、美魔女とは言われないでしょ？　もともとがキレイなんだから。

これが田舎から変なおばちゃんが出て来て、急にキレイになったら美魔女だけどさ。だから、美魔女ってもてはやすようなことじゃないと思うんだ。

それに、見た目が30歳に見える50歳の美魔女を男が選ぶかって言ったら、選ばないよね。普通に30歳の女を選ぶでしょ（笑）。

でもさ、私だってせっかく美容外科医と付き合ってるんだから、高須クリニックが持ちうるすべての最新技術を使って、いろいろとやってほしいと思ってる。脂肪吸引とかさ、フェイスリフトとかさ、鼻を高くするとかさあ。

ところが、かっちゃんは欠損に恋をするタイプだから、

「もっと太っててもいいじゃん」とか、

「普通に一緒に老けていこうよ」とか、

「このだんごっ鼻がトレードマークなんだから変えちゃダメ」

とか言ってさ、ぜんっぜんやってくれないんだよ。どうしてそのチャンスカードを、杉原千畝《すぎはらちうね》のビザを私にくれないんですか！　って。もう悔しい。もうこの年ですからね。内面の美しさなんかいらねえんだよ。そんな自然のままがいいなんて、きれいごと言ってる場合じゃねえんだよ。味の素持って来いよ、グルタミン酸上等！　みたいな話ですよ。脂肪吸引して、体にコルセット当てて、腹筋つくったり、クビレを人工的に作る技術まであるのにさあ、泣いて怒ってやってくれって頼んでも、

「うちではそういうのやってないから」

ってシラきりやがって。

結局、かっちゃんは小太りのもっさりしたオバサンが好きなんだよね。メスを入れたくないんだってさ。

「だって君は商売じゃないもの」

なんて言う。だから、60キロくらいの38歳の小太りのオバサンのままですよ。38歳ってのは、かっちゃんと私が最初に会ったときの年齢ね。38歳のままがいいんだってさ。

「あなたのその二重、シワですから」

って言われてさ。眼瞼《がんけん》下垂の施術はかっちゃんがやってくれたけどね。ちょっと頼りない二重だったし、まぶたが上から落ちてくるから老けちゃうんだよね。

他にも、レーザーとか高周波、ボトックスとかヒアルロン酸はやってくれるんだけど、超ハンパだよね、38歳を維持するって。使い勝手が悪いったらありゃしない。28にしてくれよ、できるんだから。もちろん、48歳になった今は、38歳を維持してくれるのはありがたいんだけど。

だからもうちょっと年とってきたら、脅してやろうと思ってんの。

「品川美容外科とか湘南《しょうなん》美容外科に行ってやる！」

そんで外人みたいな顔になってやるって(笑)。

恋愛はフェアトレード

私に仕事と金があるからといって、いい男がくるとは限らない。市場経済と同じで、見合った対価があるかどうか。

恋愛はフェアトレードだと思う。だから、私に、若さと美貌を求めるような男は絶対近寄ってこないし、むこうから若い男前もきません。皆無です。金目当てで近寄ってくるのはいるかもしれないけれど、さすがに0点の貧乏くじみたいな男はもう引かなくなったと思う。

当然、金のある男も寄ってこない……はずだったんだけど、かっちゃんがうっかり網にかかってきちゃったもんだから（笑）。人生はわからんもんだよね。

でも、かっちゃんも私も、お互い経済的な見返りを求めない関係だからこそ、今があると思う。

たぶん、見た目を気にする人には見た目を気にする彼氏がやってくる。お金を気にする人にはお金を気にする彼氏がやってくる。イタイ人にはイタイ彼氏が、つまらない人にはつまらない彼氏がくるんだよ。

素敵なデートをしてくれる相手が欲しいなら、自分が同じような生活をできるよう、仕事を頑張らなくちゃいけないと思う。地に足つけて、自分の力で生きていける、自立した女にならないと。

医者と結婚したいなら自分が医者になる、弁護士と結婚したいなら弁護士になる。それくらい対等な立場にならないと、いい熟年恋愛はできないと思うよ。

かっちゃんは仕事をして、しっかり稼いでいる漫画家の私が好き。私だって、彼が面白医者じゃなかったら、付き合っていないと思う。金持ちの年寄りなんて、あんまり彼氏に欲しくないじゃん（笑）。でも、医者としての仕事をまっとうしていて、知識や経験も豊富だからこそ、好きなんだと思う。あと、漫画のネタの宝庫。ありがとうございます、いつもヘリとか。

機嫌を取るんじゃなくて喜んでもらえれば

熟年恋愛で言えば、お互いに思いやる気持ちがあるから、とか、お互いのツボを心得ているからっていう成熟した部分もあるけれど、たぶん、私はかっちゃんという人間をまったく把握していないし、ツボなんかわかってない。そもそもわかろうと思ってない。かっちゃんの機嫌を取ることとなんて、これっぽっちも考えていないもの。

ただ、仕事をすればかっちゃんが喜んでくれる。ものすごい無茶なこととか、体を張った漫画を描けば、喜んでくれることがわかっているから。ずっと漫画を描いていて褒めてもらいたいと思ってる。それがなければ、48歳のただのオバサンだもん。特化できるのはそこだけだから、頑張るしかないんだよね。

私に限らず、女の人やオバサンはみんなそうだと思うんだけど、現状を自分勝手に解釈する天性の「脳内アレンジャー」。私が人の話聞いて漫画にすると、その人は「おれ、そんなこと言ってねえよ！」って喧嘩になることがある。かっちゃんは脳内アレンジを面白がってくれるから嬉《うれ》しい。

「全然ちがーう」

って笑ってる。

描いた漫画は必ず見せる。最初の読者なんですよ、かっちゃんは。すっごい喜んでくれるし、褒めてくれる。そのキャッチボールの繰り返しなんだけど、自分の価値を認めてくれる人、わかってくれる人がいるって、うれしいし、やりがいがある。

褒められることってこんなに気分がいいんだって初めて知ったもの。かっちゃんのおかげで、私も周りの人をよく褒めるようになったからね。うちの母親以外をね（笑）。あ、でも母親の作る食事はすごくおいしいんで、そこだけは褒めるかな。

イヤなことがあっても、散々な目に遭ったとしても、後から思い出すと笑えるような関係性っていいよね。若いときなら許せなかったような出来事も、年をとってお互いに頭がボケて柔軟性がついてるから、許容範囲が広いんだよ。ま、あるいは単純に記憶力が衰えているだけかもしれないけど（笑）。

海外でものすごいキレイな景色を見て、それから泊まったホテルが死ぬほどショボかったり、食事が激マズくて私が激怒したりするでしょ。

でも後で思い出すのはショボさと激マズで、キレイな景色じゃなかったりするんだよね。しっとりと素敵な思い出があんまりないの。そんなお互いの機嫌の悪さがいい思い出。

まー、私は痛いのがお値打ちの漫画家ですから。熟年恋愛の深イイ話がひとつもなくてごめんなさい。

昔、ヤマザキマリさんがポルトガルに住んでた時、知人の日本人ガイドがため息まじりに言ってたんだって。

「全く言うこときかない日本人旅行客が来てる。何食べてもおいしいと言わない女性と、その女性がホテルの石けんを気に入ったから、その会社の株を買ってこいっていう男性」

㋳「でね、そのふたりの日本人、ひとりが漫画家で、ひとりが美容外科医だったんだって」

私らただの痛いカップルだし。

第5章

有限の恋だから楽しまないと

だから笑って

砂漠に水筒は2〜3本必要

年のいった女が東京にひとり……。そもそも私たちが歩いているのは、カラカラに乾いた砂漠ですからね。水筒ナシで歩くバカがどこにいるのか。常に水筒は2〜3本持っておけ、って話。

え？　わからない？　水筒ってのはチンコですよ（笑）。常にチンコは2〜3本用意しておかなきゃ、砂漠を生き抜くことができませんから。あのね、わかりやすく言えば、

「ビバ二股《ふたまた》・三股！」

くらいの話なの。

若いときと何ら変わりなく、年齢に関係なく、常に2〜3本の水筒を用意しとけ、ってことです。別に、

「アタシの水筒はめっさデカイでぇ〜」

なんて妙な自慢はしなくてもいいからさ。

もちろん公言しなくてもいい。こっそり隠し持っていればいい。1本だけでは心もとないから、予備の水筒は用意しておけよ、ってこと。砂漠にうるおいは必要ですからね。

だってさ、女の人って若くてもそうでなくても、一途《いちず》に突っ走る傾向があるでしょ？　いいチンコがいたらまっしぐら、みたいな。猫まっしぐら、と同じこと。周りが見えなくなっちゃって、ドツボにハマっちゃう人、不倫をしている女性に意外と多いよね。

「離婚するっていつも言うけど、奥さんといつ別れてくれるのよッ!!」

って叫んでるその女、もう40代で不倫10年目突入とかね。もうコワすぎー。その10年目女と話したのよ。

「これからどうするつもり？」って。そしたら、

「じゃあ、どーしろっていうのよ?!」ってキレられた。たしかになー、もうこうなっちゃったら戻れないわな。

♪ニッチもサッチもどうにもブルドッグ！　へいっ♪だよなー。

でも、その1本の水筒だけにすべてを託しても、あっけなく壊れてしまうことなんかしょっちゅうなワケよ。むしろ、常に2〜3本の水筒を適度に使い分けて、冷静に比較すればいいんですよ。こっちの水筒は保温力が高いけど、容量が小さいとか。あっちの水筒はすぐ冷めちゃうけど、デザインがいいとかさ（笑）。

熟年なんだから、のぼせあがるのは更年期だけで充分。いろいろな経験を重ねてきたからこそ、賢く立ち回らないと。同時進行でうまく回せる女の人も多いからね。そういう人って、2〜3本をとっても大事に使える人だったり、長いこと良好な関係を保てたりするのよ。

ちなみに、私が今持っている水筒は非常に古い水筒で、いつ傷《いた》むかわからないから、心配です。

不倫はビニール傘と一緒

世の中、不倫に対してはものすごく厳しいよね。私は迷惑かけない程度にちょっとお借りする、くらいならアリかなと。私にとってそれって「たかが不倫」。

要は駅のビニール傘と一緒ですよ。「持って行ってもちゃんと元あったところに戻しとき！」っていう。それくらいのエチケットさえあれば。

ただ、不倫がこじれて、心の中のダークサイドに陥っちゃう女の人多すぎだから、
そういう人には、やはりリスキーな行為だな。

以前、娘と一緒に散歩してたらさ、知らない女性が話しかけてきたんだよ。

「○○ちゃんのパパをご存知ですか？」

って。娘の保育園のパパトモのことね。

「あ〜ナントカさんのお父さんですよね。いつも仲よくさせてもらってます」

なんて一応返したら、その女性が、

「はい、アタシ、そのナントカさんの不倫相手なんです」

キ○ガイ、キターッ!! って思ったね（笑）。

「はあ、それはもう、今後何かありましたら、よろしくお願いします〜」

とにかく娘の手を引いてサーッと逃げて。娘が訝《いぶか》しがってさ、

「あの人、ナーニ？」

って聞いてきたから、

「あれが世に言うケモノよ。コンクリートジャングルにはああいうケモノがたくさ

ん隠れているから、あんたも気をつけなさいよ」

ってね。娘も「わかった」って（笑）。一緒に歌いながら帰りましたよ。

♪あなたがいれば〜ああ　うつむかないで〜歩いていける〜この東京砂漠ぅぅ〜

ってね。これから娘はこういうケモノとか「もののふ」にたくさん出会うんだろうなと思うけれど、巻き込まれないでねー。

不倫でにっちもさっちもいかなくなっちゃって、心のダークサイドに落ちちゃって、ケモノになってしまう女の人もたくさん見てきたんだ。たかが不倫ごときで、今まで築いてきた自分のプライドや人格、品格もすべて捨てて、恨みと憎しみ一直線になってしまいませんように。なむあみだぶつー。

「好き」の総量を減らさない距離感

私は彼氏ができても毎日会わないようにしてる。かっちゃんと会うのも週1回。この距離感が今一番いいかな。

だって「好き」の総量が減っちゃうから。たとえていうなら、パチンコ玉が100個あると思ってください。これが「好き」の総量ね。

私が若かった頃のように、4万円の狭いアパートにどビンボーふたりで暮らしていて、うんことかおしっことかの音が普通に聞こえるような部屋だとするでしょ。そんな状態だと、パチンコ玉がものすごい速さでどんどんなくなっちゃう。相手を思いやることができなくて、「好き」の総量が猛スピードで減ってしまう。たぶん100個あったとしても、その状態を続けていたら1か月でなくなっちゃうよ。

私の友達で週に1回しか会わないという夫婦なんだけど、ものすごく仲いいんだよね。お互いの仕事と生活を尊重して、思いやりがあるの。ちょっと掃除をしただけで、ものすごい感謝し合ったりね。いい距離感だなぁって思うもの。

ベストの距離感って、人によって違うと思うけど、私は週に1回会えればいいんじゃないかと思ってる。電話とかメールとかラインはするけどね。

離婚の原因はお互いが多忙でいつもすれ違っていたからです、ってのがよくあるけど、あれが一番わかんない。せっかく恋愛しているんだから、一緒にいない時間を大事にした方がいいと思う。なんで大好きな人と24時間365日一緒にいなきゃいけないのか。ずいぶんもったいないなぁって思うんだ。

だいたい、不倫が長持ちするのって、お互いのいいところだけ見てるからでしょ。

日々の生活のイヤな部分とか、しょうもないクセとか、あんなこと言っちゃいけないとか、疲弊しちゃうような要素は、お互いに知らなければいいんだもの。ただし、会うと決めたときは、時間を大事に使う。ケンカしてたら、もったいないじゃん。つまり、不倫関係のような距離感をもってことです。お互いの時間を大切にしようと思うから、必然的に自分の時間も無駄なく使うようになる。恋人できたら、タイムマネジメント能力がぐんと上がりますよ。

「忙しくて恋なんかしてられない」

って言う人もいるけど、時間は自分で作るモノだからね。めっさ忙しい人でも、きちんと恋愛してセックスして人生を楽しんでますから。

って言いながら、私もうっかり時間を無駄にすることはあるよ。子猫動画とか、イタ画像とか、エロ動画とか、つい見ちゃって。気がついたら2時間、鼻くそほりながら見てたりしない？　ホモ濡《ぬ》れ場100連発とかさ（笑）。

高須克弥と井脇《いわき》ノブ子の官能小説

かっちゃんは医者という職業柄もあるんだけど、キレイ好き。だから、他の男のチンコが入ったマンコを「ばっちぃ」と思ってるフシがある。私もかっちゃんが嫌がることはしたくないから、いまは他のチンコを全部清算して1本化したんだけどさ。内心、もったいなかったかなぁと思ったりもするけど（笑）。

まあ、そんな調子だから、性の探究者とか性豪みたいな女の人がいると急に怯《おび》え始めるんだよ。ほら、初めて会った人とすぐにお手合わせする女性っているじゃん。そうすると、

「あんな、殺菌していない臓器を!!　ウイルスがどんなに怖いのか知らないの？」

ってね。すぐにチンコくわえたりする女性を見ると、怖くて泣いてる（笑）。

ただ、そういう人が私の周りにはいっぱいいるからね。かっちゃんにとっては受難の日々。

以前、かっちゃんのおごりで、かっちゃんと志麻子ちゃんと中瀬さんと旅行に行ったんだよね。その飛行機の中で、志麻子ちゃんが即興の官能小説を口述してくれたんだ。

「克弥はノブ子のブリーフにねっとりした舌を這《は》わせ、その菊門に……」

とかって。登場人物は高須克弥と井脇ノブ子（笑）。「黒い報告書」みたいな感じ

でね。もう、かっちゃんが怖がるわ怯えるわで、ヒザにきて最後タラップひとりで降りられなくなってた。

でもさ、医者ならではの感覚って、すごく面白いし感慨深い。

この前も、

「僕たち医者は劣性遺伝子のしもべかもしれません」

って言うんだよ。アンジェリーナ・ジョリーの遺伝性乳がんの手術も、

「アンジェリーナさんに乳がんの危機はなくなっても、アンジェリーナさんの遺伝子をもつ子孫たちに、劣性遺伝子は悠久の旅に出るんです」

って教えてくれた。

わかりやすく言えば、ブスを美容整形で治しても、ブスの遺伝子は生き続けるってことなんだよね。本来はなくなってなければいけない、自然淘汰《とうた》されなければいけないような人を生き残らせるのが医者の仕事だから、医者は劣性遺伝子のしもべなんだって。なるほどな〜って思った。医療技術が発達したおかげで、本来は淘汰されるべき劣性遺伝子も連綿と引き継がれてしまう。そのサポートをしているのが医者なんだってさ。

顔と体はおかしなことになってしまっているんだけど（笑）、かっちゃんはやっぱり尊敬できる人だなぁと思う。目立ちたがり屋の胡散臭《うさんくさ》い、トッチャン坊やなんだけどね。

「言霊《ことだま》」を侮《あなど》るべからず

かっちゃんは医者でありながら、坊主《ぼうず》でもあります。東本願寺で得度したからね。医者で坊主って向かうところ敵ナシって感じ。

かっちゃんから教わったのが「言霊」というもの。憎しみとか不満とかを口に出してしまうと、それが本当に起きてしまうんだって。言葉にしたら、言霊になってしまう。思ったり考えたりしてもダメなんだって。

だから、年いった友達にも言ったんだ。普段からそのカップルは憎まれ口たたいてばっかりで、

「アタシのほうが先に死んだほうがええわ！」

とか言い合ってる。それが習慣になっちゃってる。そうやって言葉にしていると、言霊になっちゃって、本当にそうなってしまうんだよ。もしそうなったら、すごい

後悔するから。憎まれ口を言い合った時間を。だから、

「憎まれ口たたくのはもうやめて。笑って好きよ愛してるって言ってよ」

って。若いときならまだしも、年とってるんだから、時間を大切にしないと。

親孝行も一緒かな。逆算したら、あと何時間親孝行できるか。年老いた親に残された時間は少ないのに、不愉快な時間を過ごさせたくない。ばあちゃんと私はしょっちゅう小競《こぜ》り合いをしてるけど、イヤな言葉をつい口に出してしまうのは無し。その瞬間を飲みこんでしまえば、あとは楽しい時間を過ごさせてあげられる。

かっちゃんも私もいい年だからね。もったいなくてケンカなんかしてる時間ありません。もちろん私が怒ったりキーッとなったりすることはたっくさんある。でも、ある時かっちゃんが、

「僕、そんなに長く生きられるわけじゃないんで、逆算したら時間がもったいないし、僕、君の笑顔が好きなんだから、笑ってくれないかなぁ……」

って言ったんだよ。怒りはちゃんと伝わっているし、かわすのもうまいんだけど、その言葉にはハッとさせられた。鴨ちゃんのときにあんまり上手に見送ることができなかったから。

その頃から「有限の恋」というのを常に意識するようになった。

振り切り箱を用意して

悪いことを思っちゃいけない、考えちゃいけない。思ったり考えたら絶対言葉に出る。言葉に出したら言霊に……って、私も気をつけてはいるんだけどさ、やっぱり悪い方向へ考えてしまって負の感情にとらわれて、どうしようもなくなっちゃうときがある。

そんなときのためにオススメなのが、振り切り箱。何か悪いこととか、頭にくることとか、マイナス思考が浮かんできちゃったときに、それを振り切れるような箱をいっぱい用意しておくんです。

私の場合は、子猫画像とか、息子が赤ちゃんのときのタマの裏側の画像とか(笑)。ただ口をポカンと開けて見ているだけで、心がほろほろーっとほぐれるような画像とか、無心になれるようなものをパソコンなり携帯なりに用意しておくの。

インターネットでお気に入りのサイトに行くとか。見はじめると止まらなくて、あっという間に時間がたっちゃう危険性もあるんだけど。あ、ホモ濡れ場100連発以外でね（笑）。

好きなのは子育て投稿サイト系で、「小学生ダンスィ（男子）」とかってヤツ。学校で迷惑かける子じゃなくて、おかあちゃんだけにしか迷惑かけない、おバカでカワイイ男子の投稿ネタをまとめたサイトなんだけどさ。

「うちの子がこんなバカなことしまして」って、日本中のお母さんが珠玉のダンスィネタを寄せてくるんだよ。人を泣かせたり、傷つけたり、意地悪するんじゃなくてね。これがホントにカワイイんだよね。

「ウンコ漏らしながらフナ捕まえてきました」とか、「1階で長男が踊っているから、どうしたのかと思ったら、2階から次男がオシッコかけてました」

とかさ（笑）。自分の中のどす黒いモノがフワーッと晴れていく感じですよ。こういう子供たちのカワイイ瞬間って。うちの息子もそうだったなぁって。うっかり2時間3時間たっちゃって、自分で自分の手をパーンッてたたくんだけどね。もうね、止まらない。

あとは、考えない訓練ってのをしてる。これは医者にも勧められた。ウツになる前に、イライラしない訓練をって。考えてばっかりいるクセがついてるから、気がついたら答えがないのに考えてる。夢の中でも考えてる。空いた時間で憎いことや怖いことまで考えてる。もうヤメヤメ。ぼーっとする訓練、これ始めて寝つきがよくなった。

熟年になるというのは、単純に経験値が増えているだけじゃないと思う。こうやって、イヤなことや無駄なことを自分でうまくかわしたり、逃がしたりできるようになる。それを相手にぶつけたり、ケンカしたり、衝突したりを避けることができる。

たぶん、それが熟年恋愛の点数につながるんじゃないかな。

第6章

子供・親に遠慮しない

好きにさせてもらいます

リコンするわ
子供食中毒にするわ
学校休ませまくって
世界中つれまわすわ
あげく
男
つくって
朝帰り。
そんな私が
ベストマザー賞
いただきました。
世の中、間違ってる。

生涯「男はソトメシ派」

私が30年近くずっとやってきたのは仕事。恋愛もしてきたし、結婚もしたし、子供もいる。でも、なにひとつ変わらないのは、とにかく働くこと。仕事がなくなったら怖いし、貧乏に戻るのは絶対にイヤ。私が生まれ育った故郷のような暮らしには戻りたくないんで。

だからといって、仕事だけに没頭するわけじゃない。恋愛好きだし、精神的には男にけっこう依存する部分もある。でも、経済的に頼るという概念はないです。だから、生活そのものは別々。ええ、男は別腹なんです。

男の人がもたらしてくれる幸せは、外食みたいなもの。たまに食べて、すごく美《お》味《い》しいし、楽しい。でも、日々家で食べる食事は自分で作るのが当たり前。そこに男はいらないんです。これを、

「男はソトメシ派」

と命名しております（笑）。男を家に入れたことで散々な目に遭ったワケだし、もう二度と男を家に入れちゃいけないんだよね。犬や猫は容易にうっかり家に入れちゃうんだけど、男は絶対入れない。だいたい子供がある程度大きくなったら、家庭に父親とか、もういらないし。

これはもう決めたことなんで、生涯、変わらないと思う。

息子も娘も、知らない男が家に入ってきたらイヤだろうし。かっちゃんのことは仲のいい親戚《しんせき》のオジサン（オバサン？）くらいに思ってたみたい。

だから、週刊誌の熱愛報道って記事になって、電車の中吊《なかづ》りに私の名前が出たときはちょっとした騒ぎになって、息子の学校は電車通学の子も多いから、教室に入った瞬間、

「おい、高須！　ってクラス中から呼ばれて、いやあ、まいったよ」

って息子が言ってたから、「大丈夫？」って聞いたんだよね。そしたら、

「お母さん、僕の『かわし』の力をなめてもらっちゃ困りますよ～」

だって。小さい頃からさんざん漫画に描かれているワケだし、そういうことは普通にかわせるようになってるんで。生まれた時から迷惑かけてごめん、息子。

娘は娘で、これまた頼もしいんだけど、
「あたしも言われてる。クラスの男子に『お前の母ちゃん、全身整形〜』って
ってね。でもそんなことを小学生のバカな男子が言うってことは、その母親たち
がケッコー言ってるんだろうなってのが透けて見えるじゃん？　娘はなんて返した
かっていうと、
「『くやしかったら、あなたのお母さんも全身整形してごらんなさい。高いのよ〜。
あなたにそのお金があればね〜って伝えといて』って言っといた。そしたらバカ男
子、ぽかーんてしてた」
だって！　勝手に娘が絶妙な返しをしてくれたんだよね〜。ま、そもそも全身整
形したらこんなんじゃねえよ、と思うんだけど（笑）。
うちの子はふたりとも、こんな感じですよ。

イケメンじゃないから嫌い

息子は周りの友達から、
「母ちゃんの彼氏が金持ちなんだからバンバン買ってもらえよ」

って言われてるんだって。でも当の本人は、高須先生になついて、何か買っても
らったら、将来医者にさせられるんじゃないかって、すごい怯《おび》えてる（笑）。
もうね、オール赤点みたいな子なんでね。今、勉強できない、しないバラ色の人
生なんですよ。それなのに、急にSAPIXとか怖い塾に放り込まれて、勉強して
医学部へ行けなんて言われるんじゃないかって、超ビクビクしてんの。だから最近
の息子へのおどし文句は、
「言うこときかんと再婚するぞコラァ」
この一言で朝のゴミ捨てとかちゃんとやってくれる。「子供が育つ魔法の言葉」。
一方の娘はすごくドライ。高須先生が嫌いなの。
「だってイケメンじゃないから」
って（笑）。あの年頃の女の子ってさ、当たり前だけど面食いだもの。今は嵐《あらし》と
かK‐POPにハマってる。私が冗談で、
「高須先生はイケメン以外の全部を持ってるんだよ」
って言っても「それでもイヤなものはイヤなのよー」だってさ。
この前、娘と大阪の韓流商店街まで行ったんだけどね、チャン・グンソクみたい

なのが金髪で「アリガトゴヂャイマス」とか言ってんのよ。娘がそれ見て、ステキーとか言ってんの。だから私が、

「あれは日本人か、いや、バリバリ日本で育った在日5世かもしれんで〜。発煙筒とか投げつけたら『マジ、やべーよ』ってとっさに日本語しゃべるはずだから」って教えてやったわ。「そんなことないわよ！」って娘は怒ってたけどね。

そろそろ娘の頭をはたいて直す時期が来たかなって（笑）。顔だけで選ぶと、ろくでもないことになるって教える時期かなと。ま、でも最初は失敗して、30点くらいの男をつかんで、いろいろと学んでくれればいいかな。

親の恋愛に子供が口出すな

そんな感じで、子供たちは私の恋愛や彼氏に対してはノータッチ。つか、何言ってもかーちゃん聞かないし。たぶんそのガチの空気が子供たちにきちんと伝わってるんだと思う。

『毎日かあさん』でもさんざん言われた。

「こんなに子供のこと描いて子供が嫌がりませんか？　グレませんか？」とか、

「自分が子供だったら耐えられない」

とかね。でも、うちの子はこれが当たり前の環境で育ってきてて、

「普通にもっと描いていいよ」

「へへへ、ネタでしょ？」

ってね。面白いね、って言ってくれる。ありがたいよ。息子の持ち物に漫画を描いたら、

「お母さんありがとう、これぞ漫画家の子供の醍醐味《だいごみ》」

ってツイッターに書いてくれて、エへへってなった。

うちのばあちゃんが私のこと漫画に悪く描いたって逆上したときも、息子が、

「母さんが仕事をしてくれているおかげで俺らはうまいメシ食ってるし、旅行にも行けるんだから、ばあちゃんはそんなことを言っちゃいけない」

ってね。

熟年恋愛だと、成人した子供たちから反対されるって聞きますね。

「いい年してみっともないからやめてくれ」

って。籍を入れようとかしなければ反対されることもないと思うんだけど。

でもたぶん「みっともない」と子供に言われた人は、子供に対してずーっと「みっともない」って言って育ててきたんだと思うよ。それが繰り返されてるだけ。

実は私も母親からずーっと「みっともない」って言われて育ってきたから、子供たちには絶対言わないようにしてる。「みっともなくていい」って言ってる。

かっちゃんが言ってくれてうれしかったのは、

「息子さんの将来は安泰です。経済力のなさそうなフヌケなんだけど、生活力のあるバリバリ自活する年上の女の機嫌をとることだけは一級品になってますから」

だそう（笑）。どこかのどなたか、よろしくお願いします。

親・子供に遠慮しない

熟年じゃなくても、シングルマザーやバツイチが恋をしたら、

「今、お子さんは難しい年齢ですから……」

っていう嫌味を言われる、なんて話をよく聞くんだけどさ、じゃあいったい子供がいくつになったら難しくなくなるの？ 難しくない年齢なんてないってば！

私は自分勝手でいいと思ってるんで、私がゲラゲラ笑って暮らしてくために、い

らないものをそぎ落としていく。誰がどう思おうと関係ないもの。

ＰＴＡのオバサンたちが何と言おうと、近所のババアが文句言おうと、学校でモンペ（モンスターペアレント）と言われようと、どうでもいい。子供と仕事と健康さえきちんと守っていれば、それ以外は捨てちゃっていいやって思うんだ。

子供にやいやい言われて躊躇《ちゅうちょ》するような恋だったら、そもそもやめたほうがいいしね。あ、でもうちのバーさん今一番機嫌いいわ。

田舎のバーさんて医者とか社長とかやたらすごい偉いってペコペコするじゃん。今、娘が大金持ちの医者ってどえらいの捕まえてきたって、ちょーゴキゲン。

「ちょっとあんたら、ウチの娘のタモにでっかい魚かかりましたでーっ！　見てってよー！」

って感じ。結局そこかよババァって思うけど、まあ親孝行にもなったかなあ。

遺伝子の舟

鴨ちゃんのお葬式のとき、かっちゃんも友人として来てくれたんだけどね、すごく大事なことを教えてくれたんです。

いや、そのときは正直、何言ってるのかわからなかったんだけど。お葬式の後で、かっちゃんがうちの息子を指して、

「西原さん、人は遺伝子の舟です。乗り物なんですよ。あの新しい舟に乗った誇らしげな鴨志田さんをごらんなさい」

ってね。私は、なんのことかさっぱりわからなくて、ポカーンとしてたんだよね。

その意味がわかったのはだいぶ後のこと。

私の大好きな友達がゲイなんだけど、十数年一緒に暮らしてきたパートナーが急に亡《な》くなったんだよね。でもそのパートナーは親にカミングアウトしていなくて、実家のほうでお葬式をすることになってしまって。私の友達は愛する人の骨も拾えない、はるか後ろで泣くことしかできなくて、すごく悲しい思いをしたのね。

彼は私が独身の頃からの仲良しで、息子のことも自分の子供のように可愛《かわい》がってくれた人。すごく悲しんでるから慰めてあげようと思って、そのお葬式に息子も一緒に連れて行ったんだよ。

そうしたら息子が駅前の店で、竹鉄砲を手に取っていじってたの。それを買ってくれっていうから、これからお葬式に行くのに、なんでそんなものを？　って聞い

たらさ、

「これで弱ったホモを撃つんだよ！」

って。そのセリフといい、弱いもんにケリかますギャグといい、鴨ちゃんそっくりなの。

ああ、これが遺伝子の舟ってことか、とそのとき初めて悟ったね（笑）。

パートナーを失った友達をなぐさめて、元気づけてあげようとして、真逆のことをやるというね。悪気はないんだよ。彼なりに考えた最大の慰め方なの。んでもって、これは100％鴨ちゃんの血です。私の血じゃないし、私の教育でもないもの。

高須先生がおっしゃってたのはこのことだったのか、と改めて思ったんだ。え？ちがう？　感動的な話になってない？　すいません。

娘はね、やっぱり私に似てるんだよね。ちょっと話を盛るタイプっていうか。裏の裏をうっかり突いちゃうっていうか。

娘が小学4年生のときだったかな。仕事をしている私の後ろで、iPodを触ってたんだよね。ミュージシャンの平井堅を探してたみたいで。でも娘はまだローマ字が読めないから、

「お母さん、平井堅ってどうやったら出るの？」

って聞いてきたの。私も仕事していたから、背中越しに、

「ガチホモってところを探してごらん」

って適当に言ったの。そしたら、一瞬で返しがきた。

「……あらやだ、イチローが出ちゃった♪」

盛って返す、これは完全に私のＤＮＡ!!

これがかっちゃんの言ってた「遺伝子の舟」。すばらしい説法とゲスな例えでホモの皆さん、すいません。

だけど、私に教養がなかったから、言われたときはわからなかった。ただ、ありがたいことに、そういうことを覚えておく機能はあるみたい。なんとなくひっかかったことを数年してから「あ！」って思い出す機能ね。

遺伝子の舟の話は、奇《く》しくも子供たちふたりがこぞって「あ！」って思い出させてくれたんです。

親はもうすぐ死にますから

熟年恋愛のもうひとつの壁が親ですね。老いた親をひとりにできないとか、介護で恋愛どころじゃないって話も少なくない。なかには、50代になっても結婚できなかったのは母親が許してくれなかったから、とかさ。そんなの呪縛《じゅばく》以外の何物でもないよね。どうせ親は先に死にますから。ほっといても死ぬんだから。

シングルの熟年男性で自分の親の介護をしている人が、介護要員としての嫁を欲しがるみたいな話もある。恋愛がしたいんじゃなくて、家政婦がほしいだけだよね。

私は冷酷と言われようと親不孝者と言われようと、断言します。

私は親の自宅介護はしません。

私自身、すべて調べました。病院とか施設とかケアホーム、ケアマネージャーとかね。母親は今一緒に住んでいるけれど、ちょっと具合の悪かったときに、全部調べ倒したの。親の年金と介護保険でどの施設に行けるか、差額分はいくらくらいできちんとした施設に入れられるか。そうでなければ在宅介護になってしまうけど、それは無理。鴨ちゃんの介護で体験してわかった事、それは治らない介護は難破船に乗りこむようなもの。手は2本しかないんです。片手で子供、片手で仕事。親には出来る範囲の快適な施設に入ってもらう。そのために働く。これからを生きる子供にしか時間は割けないです。私も自分の子供にはそうしてほしい。

人生の選択肢は女が自分で決めること

恋愛がうまくいかない、なんだかこじらせている人はたくさんいると思う。若い頃からずっとそうなのか、熟年になってからそうなのかはわからないけれどね。もう風邪をこじらせて肺炎状態、みたいな人もいるからね。

でも、恋愛で悩むなんて、超贅沢《ぜいたく》な話ですよ。デザートの生クリームを舐《な》めているような状態だよ。ある時、先輩の群ようこさんが言ったの。

「不倫とかねー、大ゲンカとかねー、元気な証拠よ。私から上の世代になるとね、死ぬから」

ですと。世間にはもっと大変な人がいっぱいいるんだもの。ケツに火ついちゃってカチカチ山みたいな女の人もたくさんいますからね(笑)。

自分の残りの人生をどう生きたいのか、一番ゆずれない事と、一番イヤな事を自分で決めてさあ出航！ あとは野となれ山となれ。

もしイモ引いて人生大失敗だったなら、それはそれで正直に子供に言うってのはどうかな。失敗しても成功しても、自分の人生なんだから正直に話す。子供もそこから何かを学ぶかもしれない。そしたら子供は自分の失敗よりもう少しだけましな人生を歩めるかもしれない。そしたら孫は更にましな人生になるかもしれない。

私の場合、貧困と憎しみの世代間連鎖だけはさせないと決めてます。やっぱり私はビンボーが一番こわい。何があっても働くように。いつか必ず働けなくなる日が来るから。

第7章

熟年恋愛は刈り取るだけ

いいとこ取りの収穫祭

熟年って何歳から？

ここにきて、今さらだけど、熟年って何歳くらいからのことを指すのかな。単純に年齢で区切るとしたら、40歳くらいからでしょうかね。

一般的に、男の人は40代が「いちばん脂《あぶら》がのっていいとき」だって言うでしょ。仕事も体力もある程度無茶がきいて、バリバリ働けて、酒も飲めてさ。でも、女の人は男の人よりも早く年をとるというか、40代からなんだか疲れるし、肌も劣化するし、うつになったりもする。でも男も女も同じキャリアなんだから、女の人も40代がいちばん脂ののった時期なんだと思わなきゃね。

あとは、素直に謝ったり、素直に人のことを褒められるようになったら、熟年になったといってもいいのかなって。角が取れて丸くなる、じゃないけど、世間に優しくなれるみたいな。その心の余裕は若い頃にはなかったものだからね。

たとえば、テレビをつけていたら臨時ニュースがピコピコ鳴るでしょ。若い頃は、

「あーなんか派手な大事件起きてねえかな♪」

なんて、ひどいことを考えてたけど（笑）。誰だって心の中にダークサイドをもっているからね。でも今は違う。

「イヤな事件が起きていませんように」

「子供が泣いたり命を脅《おびや》かされるような事件じゃありませんように」

って思えるようになった。あ、でもイタいカップルが屋根の上に登って立てこもっちゃったとかさ、人が傷つかない事件はあれはあれで笑えるんだけどね。心の余裕とか共感力とか優しくなったとか、それだけじゃないと思う。まあ、いーかとか物事突き詰めないみたいな、「いいかげん力」みたいな、諦《あきら》め的なものが備わったのが熟年なのかもしれないなあって。たぶんそれが40歳を過ぎたくらいからだったと思う。

さらに、恋愛を楽しめる熟年という意味では、「ダークサイドに落ちなかった」ことも条件じゃないかな。常日頃から愚痴や不満に埋もれていて、文句ばっかり言ってる人は、そりゃあ恋愛なんかうまくいくはずないよね。せっかく網にかかった魚は大事にしないと。

熟したモノを刈り取るだけ

熟年恋愛はさ、イタい時期とか情けない経験とかみっともない自分とか、そういうのも全部含めて自分だった、ってなんとなくだけど認められるようになったからこそ成立するんだと思う。かっちゃんが言ってた。

「熟年の恋愛はお互いに刈り取るだけなんですよ。いいとこ取りです」

って。お互いに残された時間は非常に短いけれど、いちばんいいところをお互いが持ち合ってる。つまりは熟した実なんだって。

その実が熟すまでにお互いが何十年もかかってるんだよね。タネ撒《ま》いて、雨風嵐《あらし》にさらされて、踏まれたり、干からびたり、いろいろな経験をして、ようやっと実になっている。だから、お互いにいいところを収穫するだけの「いいとこ取りの恋愛」なんだって。

なるほどなぁって。

今はたまたま高須克弥という人が彼氏になったから、そう言えるのかなと思ったけど、たぶん違うんだよね。私はずっと仕事も頑張ってきたし、かっちゃんが相手じゃなくても、たぶん私は幸せに、それなりに幸せになっていたと思う。自分の人生にも誇りをもてるようになったから。

かっちゃんにはすごく感謝しているし、いろいろなことを教えてもらったけれど、私自身もそれなりにがんばったから熟したと思う。

だからこそ、お互いに収穫し合える仲になったわけだし。かっちゃんに心から感謝するけど、私だってちょっとは感謝されてもいいって話（笑）。ここまで頑張ってきたから、実りがあったし、刈り取れる状態になったんだもの。

もし、何かに負けていたら、今の関係にはなってない。心のダークサイドに陥っちゃってたら、もっと人の悪口言って、愚痴と不満に埋もれていたかもしれない。漫画がんばってなかったら、かっちゃんは付き合うどころか、振り向いてもくれなかったと思う。

私たち点数つけるとして、かっちゃんが１００点だったら私が50点くらいかな。まだ格差あると思うなあ。

カニと克弥とブルーダイヤ

あんまり考えたくはないけれど、私たちはいい年だし、残された時間はとても短いからね。相手の悪いところはそのまんまでいいし、それでいがみ合う時間がもったいない。お互いに笑い合ってるほうが断然幸せ。そのためには、相手の優先順位を守ってあげないといけないし。

かっちゃんの家系は男の人がみんな早死になんだって。だから、かっちゃんも常に自分がいつ死ぬかわからないから、って言うんだよ。ちょっと前に、

「生前葬をやるから喪主をつとめてほしい」

って言われたときは、すごくうれしかったなあ。生前葬なんて絶対やっちゃいけないことかもしれないけれど、彼なりのプロポーズ的なモノだったのかなって。

そうなると、籍の入っていない男の喪主をこれで2回やることになっちゃうなぁなんて思ったりして。あらやだ、ギネス記録に挑戦かしら、なんて。結局、生前葬は実現していないんだけれど、その気持ちはとてもうれしかった。

鴨ちゃんのお葬式も離婚はしていたけれど、喪主をつとめたんだよね。それが鴨ちゃんの遺志だったから。でも後からうちのお兄ちゃんに言われたんだよね。

「いちばん悲しいのは鴨ちゃんのお母さんやぞ。お前が喪主をやるっていうことの意味がわかるか？」

って言われた。すごく馬鹿《ばか》なことをしちゃったのかなって。だって、鴨ちゃんのお母さんからすれば、私は鴨志田家にとって一切関係ない人間だからね。そんな人間が喪主をやるってことで、ものすごくお母さんを傷つけてしまったのかもしれない。でも、鴨ちゃんに、

「絶対、君に見送られたい」

と言われたから。鴨ちゃんの遺志を尊重したことに後悔はしていない。

だから、かっちゃんのときは出しゃばる気はないし、生きている今生の中で一緒にいたいだけ。生きている彼と一緒にいたいだけ。お葬式に行く気もないし、かっちゃんのおうちは私が行けば明らかに不愉快になるワケだし。

もともと私は墓参りも全然行かない人間だし、写真だけあればいいなって思ってるんだ。

でも、かっちゃんは常に死を意識しているし、いろいろなことを考えているみたい。ブルーダイヤを予約してるんだって。遺骨を特殊加工して、ダイヤモンドを作れるんだってさ。それを私にくれるって言うの。500万くらいかかるらしいよ。

そんなブルーダイヤ、デビアスにもってったって20円くらいにしかならないよね。

故人の遺骨から作ったダイヤなんか売れるワケないし。私がもらっても、銭湯かどっかにうっかり忘れてきちゃう可能性大。

でも、かっちゃん「いつでも身につけていられるから」だって。その申し出はとってもうれしかった。お位牌《いはい》とかお墓とかどうでもいいけどやっぱなんかほしいよね。68歳にもなると、死を意識しているのは当たり前だよね。でも私自身は明日のことすら考えない。そんな先のことを考える暇があれば、今この瞬間に一緒に笑っていることのほうが大切だから。

カニにたとえるとわかりやすい。カニって食べるのが面倒くさいでしょ。でも面倒くさいから、手が汚れるから、食べないってのはおかしいよね。そんなマイナスのことばかり考えて、目の前にあるカニのおいしさや幸福感を味わわないなんて、おかしいでしょ？　あ、ごめん、かっちゃんの命とカニを比べちゃいけないんだけどさ。カニに失礼だよね。

年をとっているからこそ、今を大切にする。一緒にいる時間を大切にしないとね。

介護しない優しさもある

かっちゃんはものすごくカッコつけたがりで、人一倍ミエ坊（見栄《みえ》っ張り）なんだよね。だから、

「もし自分が介護が必要な状態になっても、カッコ悪いところを見せたくないから絶対に病院には来ないでくれ」

って言ってる。山城新伍が仲良しだったみたいなんだけど、ボケてヨダレ垂らしてる写真が女性週刊誌に載ったとき、死ぬほど怖がってたからね（笑）。

なによりもそんな姿を私に見せたくないんだって。彼の尊厳は守るべきだし、できるだけ尊重してあげたいとは思う。でも、そうなってみないとわからないし、「もしも」のことはあんまり考えないようにしている。脳梗塞《のうこうそく》とかでね、回復の兆《きざ》しがあって、ずいぶんとよくなっていれば、それまで待つだろうけれど。

どんなに好きでも、守ってあげなきゃいけないことはたくさんある。私は彼のオムツを替えないし、来るなというならそこへは行かないつもり。嫌がることはしたくないから。かっちゃんくらいの人になると、いちばん素晴らしい介護をしてもらうだけのお金と設備があるからね。

それよりも、常々頼まれていることがあるから。高須克弥記念財団っていう、シ

ャレにならないくらいの金額が落ちている財団を作ったんだって。世界中の恵まれない子供たちのために学校を作ったりしてるんだよ。それを私は漫画に描くこと。私がしなきゃいけないのは高須克弥がいろんな意味でぶっ飛んだ人間だったってことをきちんと漫画で表現することじゃないかと思ってる。

生きているうちは世界中のあちこちに一緒に行って、世界中に小学校を建てるんだって。子供にとって字を覚えることは大事だからね。それが貧困から抜け出す手段でもあるし、生きる糧《かて》になるから。

かっちゃんもあんな見た目だけど、中身は普通におじいちゃんだからね。朝、降圧剤とか薬をガーッと並べて飲んでるくらい。昔はCMみたいにヘリで移動してたけど、ヘリって結構危なくて、トイレにも行けないし、うるさいし、暑いし寒いしで、大変なんだって。

でも、かっちゃんがあちこちに行きたがるのも、残された時間を有意義に過ごしたいからだし、私はそれにできるだけ一緒に行きたいと思ってる。宇宙はさすがにイヤだけど。で、その財団、困った事に、理事長が私なのね。私、立派なかっちゃんを漫画に描く以前に、財団の金を横領しないだけでせいいっぱいだと思うのよ、マジ。今からキンチョーしてるし。

日本の夫婦の悪いところって、女の人と介護がセットになってるとこ。介護も含めて添い遂げるのが立派な夫婦、ではないと思う。そこをきちんと準備しておかないで、うっかり熟年結婚なんかしたあかつきには、老老介護が手ぐすね引いて待っている。もうね、沈没船に乗り込むようなもんですよ。

熟年結婚をする場合は、親の介護だけでなく、年齢相応の心の準備と懐《ふところ》の準備が必要。介護の専門家に任せられるだけの蓄えや知識、情報も含めて、結婚しないと。

私は結婚なんか絶対しないし、介護も一切やる気はありません。もうね、鴨ちゃんの介護で一生分の介護をすでに経験しましたから（笑）。

恋人で親友

熟年恋愛って、他人同士がお互いの欠点とか個性とかクセを認め合って、笑い合える関係だと思う。恋人というよりは親友の要素が大きいんじゃないかな。

私なんか教養がまったくないところにいたんで、漫画を描くときもとんでもない言葉とか比喩《ひゆ》で一所懸命拾っていくんです。浅い知識しかないから、自分が感じたことをものすごく稚拙な表現でしか表せないのね。

でも、教養のある人からみたら、それがものすごく面白いボケだと思って、勝手に深読みしてくれる。彼らはものすごい情緒のある表現をできるんだけど、無教養な人が繰り出す、どうしようもない表現が新鮮なんだよ。

たとえば、「遺伝子の舟」の話だって、かっちゃんが素晴らしい表現をしてくれたでしょ。でも私なんかが表現すると、

「死んだら悪う言う人はおらんから、ほら、はよ死ね死ねナンバーワン選手権」

みたいな、身もふたもない言い方になっちゃう（笑）。その格差たるや！

でも、かっちゃんはそれにまずびっくりして、面白がってくれる。私も知性のある人の表現を吸収できる。残念ながら私の漫画にそれは表れないんだけど、

「ああ、すごい大事なことを教わったな」

って思える。そういえば、若い頃にとても重い障害を持った女性に会ったときに、

「この障害は私の彼氏なの」

って言ってたんだよね。当時の私はさっぱりわからなくて、ポカーンとしちゃったんだけど、今思うととても大切なことを教わったんだなあって。そうやって彼女

は自分の障害と付き合ってるんだなあって。いろいろな問題を抱えていても、それは自分の家族とか彼氏とか大切な人のように考えて、一生付き合っていくもんなんだって。

だから、あの浅香光代みたいな人とも親友として、つきあってる感じ。あいつ自分で手術とかしてオモシロイやつなんだよなって。

もともとかっちゃんは躁《そう》うつもひどいほうなんだよね。うつのときは自殺するつもりで、自分を改造する大きな手術をしたりするんだよ。あの人にとって、自己手術はサイコーにかっこいい自殺なんだよね。

その技術は新しい治療法になるし、他の人の役に立つ。自分を実験台にするなんて、普通の人には到底できないことでしょ。美容外科界の一人華岡青洲《はなおかせいしゅう》。ちょっとおかしいんだよね、頭が（笑）。会社の社長さんとか成功をおさめた人はみんなそうなんだって。おかしいっていうのは個性だし、魅力でもあるでしょ。私はそれをイヤだとか、変えようとか、まったく考えない。彼のパーソナリティを形成するうえで、とても大切なものだと思うから。

あと何年一緒に過ごせるか、わからない。若い頃とは違って、有限の恋だからね。

お互いにゲラゲラ笑って楽しく過ごすためには、いらないモノ、余計なモノをそぎ落とす。周囲がどう言おうと、かっちゃんと私が楽しければいいから。

なんか、50手前のおばちゃんがこんなノロケ話ばっかりしてきて、恥ずかしいんだけど、けっして今が完成形ではないと思うんだよね。かっちゃんは私にとって恋人であり、最高の親友であることは間違いないんだけど、まあ、いつおしまいになるかわかんないし。あいつまわり、女いっぱいウロウロしてんの。

熟年恋愛で躊躇《ちゅうちょ》している人、いろいろと停滞してこじれている人は、一度自分の胸に手を当てて、本当に大切なことに順番つけてみたらどうかなあ。3位以下は全部捨てるとか。自分が幸せで笑って過ごすために必要なことは何か、答えが出るように。

仕事、お金、家族、時間……。ヨソ様んちに上り込んで、説教垂れるつもりはさらさらないけどさ。

私はとにかく生きてて今がいちばんに幸せ。まぁ、いままでがワヤすぎたってのもあるかもしれないけど、こんなに平和な世界があったのかと毎日思う。

それは本当に自分の仕事のがんばりだと思ってます。

あとがきマンガ
東南アジアにはヤシの樹液を発酵させてお酒にして飲む、ヤシ酒というのがある。
たいがい、朝早く樹液をとって、
昼に飲むとビールくらいの度数。
粉っぽいマッコリみたいな味。
ツマミは干したネズミ肉、バッタの油揚げ、アリの幼虫入り卵焼き。
農業や漁師のおっちゃん達がその日の仕事が終ったら飲みに来る。
日差しが強くなると店ごと涼しい所へ移動。
夕方、ヤシ酒は発酵して焼酎くらいに
気がつくとベロベロ。
夫の鴨ちゃんと世界中旅をして、そりゃあたくさんお酒を飲んだ。
よく食べてよく飲んだ。いい人生だといつも思う。

それから鴨ちゃんは
アルコール依存症と
ガンという、
二つの治らない病気に
なって
海のむこうのずっと
遠いところに行って
しまって、
そこで
やっぱり
毎日、
好きなお酒を
飲んでると、
思う。
桜の咲く大きなお寺で
見たこともない立派なお葬式。
たくさんの人に囲まれて、
かっちゃんは一人ぼっちだった。

お葬式が終って たくさんの人の中から私を見つけたかっちゃんは
帰らないでね
と言った。
帰らないよ
と、私は答えた。
いや 帰ったけどね。
てってってっ
それから数週間後
東京にいる? ごはん食べてる??
じゃあ一緒に食べようよ
とんかつ好きだよねー
んー
おトーフ好きだよねー
んー 何でもいいよー
スーパーでおそうざい買ってー
公園に行く。
愛犬も奥さんも母親も見送って一人になっちゃった
ニーュー独居老人でね 余命がせいぜい五年なんだって
あートンカツのソースが一袋しかなーーい
まあもう五年も生きたかないけどね
ソースちょうだい

あげない
がじがじ
ちー
ソースよこせ ワシを誰だと思ってる
独居老人〜
むおりむおり
焼酎いいちこ
ぶどうジュース
とっとっと
これね、かっちゃんを元気づけようと思って、すっごい高いいい赤ワイン
ワシ酒はちょっとなー
超味オンチ&下戸↓
くぴ
こんなおいしいワインはじめてだ
さすがいい酒はちがう
ばーかばーか独居老人のばーか
あぁっトーフショーユもらい忘れた上にハシもない
バカもんワシによこせ
トーフパックのはしっこやぶいて
一気飲み
どるるるる
あははは
この時の、いいちこブドウジュース割りはかっちゃん気に入ってて、今でもよく飲んでる。
※すごい高いレストラン
いいちこブドウジュース割りが飲みたいんだけど
はい大丈夫です今すぐ買ってきます
それで私はこれから一緒にお酒を飲む人ができた。

特別爆笑対談

ビバ！熟年交際！

高須克弥

西原理恵子

――今日はせっかくのデート日なのにすみません。

西原　いえいえ。かっちゃんは忙しくて、日程をすり合わせるのが逆に難しいからデート取材しかないんですよ。でも夕方5時で電池切れるからね（笑）。ホテルの部屋に戻っても、私はルームサービスで酒飲んで、足もんであげるだけ。

高須　僕の部屋にはね、ハクビシンがいるんです。

西原　私、害獣扱いされてんの。高須の部屋はひとりしか泊まってないはずなのに必ず私がいて。酒は飲むし、ルームサービスひっくり返してべっちゃべちゃに部屋を汚すしね。

高須　住みついちゃってるから。冷蔵庫の中とか、山崎とかオールドパーとかあらかた飲むしね。でもハクビシンが僕の耳毛やら爪《つめ》を切ってくれてね。「老人は面倒みてあげなければ」って。

西原　毎週末、先生は東京に来るんだけど、会った瞬間に「具合が悪い」「熱が出た」

って言うんだよ。「今日は生理なの」みたいな。むっちゃ腹立つでしょ。彼氏なんだからヤラせろよ！　って。

——ああ……それが冒頭の漫画に……。

高須　盆暮れ正月・天皇誕生日以外は、ごちそうなんか出さないんだよ。

西原　こういうときに年寄り感が出るでしょ。しかも布団被《ふとんかぶ》って身を守りながら♪守るも攻めるも黒鉄《くろがね》の～って軍歌を歌う（笑）。そこを攻め入る。超奇襲。

高須　どんな王侯貴族だってこんなに暴君じゃないよ。主治医に蹴《け》り入れてヤラせろ、なんてないしね。

西原　最近は難しい講義をすると私が寝るってことがわかったんだよね？

高須　歴史上の人物がね、彼女の中ではひとつなの。森鷗外と夏目漱石は同一人物とかね。ちょうどアルベルト・シュバイツァーの気持ちですね。彼はね、パイプオルガン奏者から途中で医者になって、インターンもやってないのにアフリカで病院作ってね、黒人の施療を始めたのよ。すごい危ない医者なんだけど、黒人にとっては神のような存在なの。でも彼は黒人をバカにしていて、同じ人間だけど俺は兄だと……。

——すみません、ちょっと話が見えなくて……。

西原　ほらね、これがグーグルちゃん（笑）。

高須　いや、兄弟のように接しているけど、実はワシがすべて正しいと。黒人には黒人の文明があるから、その誇りを壊さないように、と思ってるの。

西原　なんとなくわかったでしょ、この独特のイラつかせる感じ。普通の彼女なら怒るよね。私相当我慢してるの。これでもまだマシになったほうだけど。

唯物論《ゆいぶつろん》のサイバラと、精神論のかっちゃん

高須　パーティー行ってるときは全然違うの。もうね、しっかりかしずいてるの。僕はしもべだもの。

西原　ひとりで行くのがイヤなだけじゃん。誰が行きたいと思う？　デヴィさんとかドクター中松のパーティーに。寸借詐欺師《さぎし》とか社交界王子とかドレス着た湯婆婆《ゆばーば》みたいなのがどっさり寄ってくんの（笑）。

高須　だって面白いじゃない。人間ウォッチング。

西原　私、イタい人を見つけるのうまいからね、独特の電磁波出してるキチガイとか（笑）。パーティーに連れてくことが先生から私への「オモテナシ」なのね。でも、そんな時間があったら旅行に行きたい。

高須　旅なんてどこ行っても同じじゃない！

西原　私は南の島とか海とか高級リゾート地に行きたいんだけど、この人、海とかプールが大嫌いで。

高須　高知生まれで、なんで海なんか行きたがるのよ。海なんか全部つながってるよ！

西原　ゆっくりご飯食べるのも大嫌いなの。1分で食べたいって。もし今ふたりきりだったら、このフカヒレ姿煮に氷水入れますよ。熱いの嫌いだから。

高須　ガソリン補給にちんたら時間かけるとは……。

西原　食べ方のマナーも悪くて、撒《ま》き散らかすし。

高須　僕の食べ方を見て、「悲惨な少年時代を送ったんだろう」って、みんな思うみたい（笑）。

西原　金持ちの子だとは思わない。味覚もひどくてね。この前もお刺身と冷奴《ひややっこ》と焼き鯖《さば》を食べて、全部食べ終わった後にウスターソースをかけてたことに気が付いたの。醤油《しょうゆ》と間違えてることに気付かない。

高須　今日の料理は、和食とは思えないエキゾチックな味だなぁって思ったよ。それくらいはわかるさ。

西原 あとね、イヤゲモノくれるのが天才的なんですよ。毒矢とか白熊《しろくま》の毛皮とか。日本一大きい食えないスイカなんて、精密機械と同じ扱いになるから運び代だけで十何万円。ホント困った。割って捨てた。

高須 喜ぶかなと思って。僕が喜びそうだなと思って選ぶものは、彼女の琴線に触れないのね……。

西原 あとさ、飛行機内の人命救助でもらったボールペンとか。よくあるじゃん、お医者様はいらっしゃいませんか、ってヤツ。あれでもらったボールペン。わざわざ呼び出しといてボールペン……。

高須 それは勲章と同じ。心が入ってるから。陛下がくださるならドングリだってありがたいでしょ？

西原 アンタ、陛下じゃないし。

高須 そうだけどさ、例えばの話よ。哲学が違うのね。どちらかというと彼女は共産主義者ですよ。マルクス主義で唯物論。僕は違うの。精神論なんですよ。みんな間違っててね。彼女のほうが精神論で僕のほうが唯物論だと思ってるけど、実は違うの。僕は心のほうがすごい大事、目に見えない世界のほうを信じるほうなの。彼女は目に見えるものがすべて。

西原　財布に入ってるお金と口座に入ってるお金がすべて。「彼に何か買ってもらえばいいじゃん」ってよく言われるんだけど、一切買ってもらってない。買ってもらう気もさらさらないけど。

高須　好きなモノを買ってきてツケだけ回せばいいんだよ。そんなの簡単な話じゃない。

西原　そんなことしてまで買ってもらいたくないんで。自分で稼いで買います。とにかく、この人はお金なんかよりも時間が大事なの。

高須　お金は空気みたいなもんだからね。空気は大事だけどさ、余分な空気持っててもしょうがないもん。呼吸するだけ空気あればいいんだもの。

――それは高須先生にしか言えないですよ……。

高須　呼吸しなくなってからの空気なんかいらんし。「じゃあなんで働くの？」って言われても。働いてないとバカにされるから働いてるだけであって。

西原　働かないと、いろいろなことができなくなるでしょ。私、金持ちなだけの老人なんて絶対付き合いたくないもん。かっちゃんは働き者だから好きなの。私もそうだし、私の周りに怠け者はひとりもいない。

一番辛《つら》い時期に支えてくれた

――高須先生は西原さんのどこが一番好きですか？

高須 全部ですよ。デブだろうが痩《や》せていようが基本的に同じ。中身が大事なの。だから意思だけ通じれば愛情は変わりませんよ。外見は関係ないもの。でも彼女は違う。デブは不幸そうに見えるとかね。

西原 昔の写真見てよ。0歳と2歳の子を抱えて仕事して、立ったまま炊飯器からご飯食べて、万年寝不足なのに夫が暴れてて、寝る時間になるといびられる。犯罪者とか子殺しの奥さんってみんなこう。追い詰められると、こんなふうにみっともなくなる。

高須 みっともないなんて思わないもの。この頃に会ったとしても、別に僕は変わらないと思うよ。

西原 先生、こっちのほうがよかったのよね。

高須 これぐらいのほうがケガしないし（笑）。

西原 ……ひどいこと言うでしょ？ でも私がこんなにみっともないとき、先生が助けてくれたからね。自分にも再生する能力があったの。私、結構強いなって思った。

自分で浄化する能力があったみたいで。あのときはつらすぎて記憶があんまりないけどね。

高須 あのね、太った女性はパプアニューギニア行くとね、ブタ何頭かと交換できるからね。

西原 ……つうかさ、この年代の男の人は人前に出ると必ずこういう言い方すんの。「うちの愚妻が」みたいな言い方。すっごくイヤな言い方だよね。

高須 僕、おばあちゃん（※西原母）とは気が合うの。

西原 それはあなたの後ろの見えない何かにかしずいてるだけ！　田舎のばあさんなんて、娘がひっかけた男が医者ってだけで、「うちの娘のタモにでっかい魚かかった、でかしたぞね！」って大漁旗振っちゃうんだから（笑）。

高須 でも最近はダイエットして筋肉もつけて、ふくらはぎがアスリートみたいになってるからなぁ。

西原 「車夫馬丁の輩《やから》のような足になりおって！」って（笑）。昔の人だから色白ぽってりが好きなんだよ。

高須 纏足《てんそく》もしてたら最高だよね。箸《はし》もつかめないくらい爪も伸ばしてたら最高ですよ。

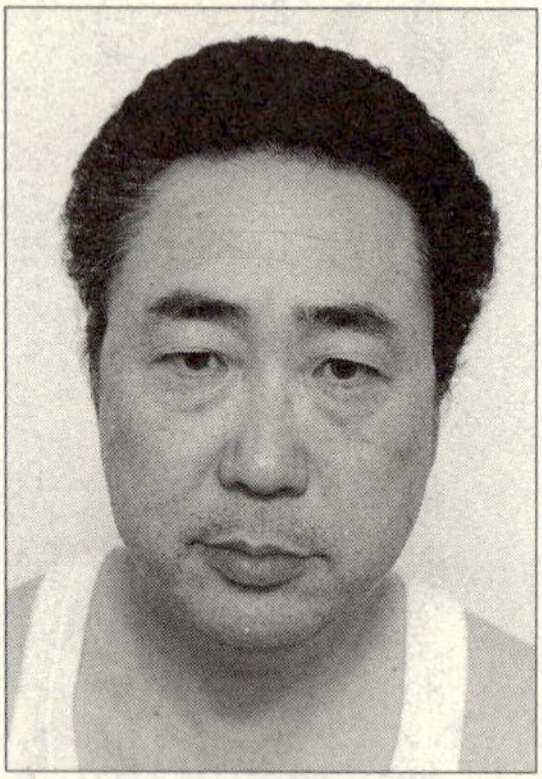

Before

After

西原 私は手術前の宮史郎なんてイヤですから（笑）。

高須 「ブスの壁」の写真ね。巻頭に西原先生の漫画が載っていても、僕の本という色が強いと全然売れずに絶版になっちゃうの。だから高須の名前消しとけば、ベストセラーになったかもしれないね。

西原 とか言って、実はすごい負けず嫌いなんだよ。

高須 だって、あなたえらそうに演説するでしょ？「私の本は売れる」ってね。ちきしょうって思ってね。いっぺん追い抜いてやろうと思って、昨年の9月頃に扶桑社から本を出したんですよ。

西原 サンマーク出版で南雲先生が5000万円宣伝費かけたら売れたって聞いたもんだから（笑）。

高須 力抜でね。一瞬追いついたのよ。もうちょっとで追い抜くってところで、アレをすごい褒めた書評が朝日新聞に載って、どーんと抜かれちゃって。僕のほうは1億円が途中で切れちゃった。

西原 南雲さんは5000万、「じゃ、僕は1億」って言ったときに「どぶんっ」てね。1億円ドブに捨てる音を、私生まれて初めて聞きました（笑）。

高須 でもね僕、過去にはベストセラー出したのよ。

西原　「発売後即重版」と言いたいがために、わざと初版部数を控えて刷ってんの。かわいいでしょ？　やることがセコイにもほどがある（笑）。

高須　だからー、コンプレックスがあるんだって。

西原　子供の時、壮絶にいじめられたんだよね。体中に実はいっぱい傷があるんですよ。漁師の子に殴られたり。でもいちばん言っちゃいけないことを言うじゃん。そりゃ殴られるよね。それで彼はトリセツを作ったの。「こう言ったら殴られる」ってね。いじめられて殴られるたびに一個ずつわかる。それで今日に至る。でも男の子ってみんなこんなもんよ。

高須　今、進歩してる最中。彼女が怒り出す限界点、閾値《いきち》がね、前よりも下がってるの。最近すぐ怒るの。ギリギリで見切ってるつもりなのに怒る。ということは少しずつ厳しくなってるのね。酒飲んでるときは理解度が下がるから、かなり当てこすっても怒らないけど、飲んでないときは危ない（笑）。

熟年交際は文明の衝突？

西原　こうやって絶対へらず口をたたいて、それで余計に私に怒られる。そういう接し方しかできないの。でも、頑張って私のトリセツを作ろうと努力してるところが見えるから。ご承知のように、非常に成績は悪いですが（笑）、歩み寄ってくれてる。

高須　ボランティア専門の篤志家《とくしか》として、余生を暮らそうと思ってたの。でも、それだと彼女に馬鹿《ばか》にされそうな気がしてしょうがない。仕事しないとね。

西原　ね、少しずつ丸くなってるんです。彼は頑張って積み木を積んでるんです！　そこ褒めないとね。もうね、支援学級の先生みたいなもんですよ（笑）。

高須　いや、僕もですよ。知恵足らずの子供に嚙《か》んで含めるように教えても、全然違う解釈をするのね。それはそれですごく面白いからね。僕、晩年はカッコよく過ごそうと思ってたのに……。いやもういいです。いいんです。

――なんだかんだ言ってもおふたり仲いいですよね。

高須　文明の衝突みたいなことはあるけど、サラセンはサラセンでうまく文明やってるし、東洋は東洋でうまくいってるワケだから。うまく交易をしながらお互いを理解しようと。ただ一緒にいたら戦争になっちゃうから、24時間一緒にいない。これがコツ。

西原　家族でも恋人でも一緒にいすぎるのはすごくよくないし。たまに会うのがいちばんいいと思う。

高須 環境とか経済の問題もあるだろうけれど、本当はお互いが自立して、別々に暮らしたいと思ってる人は多いかもしれないよね。

西原 若い頃は無理だったけど、0点の彼氏や大失敗の夫を経験してますから。かっちゃんは全然大丈夫。つうか、彼氏が医者ってむっちゃ便利だし（笑）。

高須 主治医をタダで雇ってるようなもんなんですよ。主治医はもっと大事にされるはずなんだけどねぇ……。

この作品は二〇一三年十一月新潮社より刊行された。

本文中の歌詞は以下の曲から引用させていただきました。
「I will always love you」作詞/作曲：DOLLY PARTON（63頁）
「ブルドッグ」作詞：伊藤アキラ、作曲：都倉俊一（117頁）
「東京砂漠」作詞：吉田旺、作曲：内山田洋（120頁）
「軍艦」作詞：鳥山啓、作曲：瀬戸口藤吉（163頁）

いいとこ取《ど》り！　熟年交際《じゅくねんこうさい》のススメ

新潮文庫　さ－66－7

平成二十八年五月一日発行

著者　西《さい》原《ばら》理《り》恵《え》子《こ》
発行者　佐藤隆信
発行所　株式会社　新潮社
郵便番号　一六二―八七一一
東京都新宿区矢来町七一
電話 編集部(〇三)三二六六―五四四〇
読者係(〇三)三二六六―五一一一
http://www.shinchosha.co.jp

価格はカバーに表示してあります。

乱丁・落丁本は、ご面倒ですが小社読者係宛ご送付ください。送料小社負担にてお取替えいたします。

印刷・大日本印刷株式会社　製本・加藤製本株式会社

ISBN978-4-10-137077-4 C0195